"文化广西"丛书编委会

总策划 范晓莉

主　任 利来友
副主任 张艺兵
成　员 黄轩庄　韦鸿学　石朝雄　刘迪才
　　　　　石立民　卢培钊　陈　明　黄　俭

— 遗存 —

广西典籍

彭子龙 韦如柱 著

广西师范大学出版社

·桂林·

图书在版编目（CIP）数据

广西典籍 / 彭子龙，韦如柱著 . -- 桂林：广西师范大学出版社，2021.6
（文化广西）
ISBN 978-7-5598-3761-5

Ⅰ. ①广… Ⅱ. ①彭… ②韦… Ⅲ. ①古籍—汇编—广西 Ⅳ. ① Z422

中国版本图书馆 CIP 数据核字 (2021) 第 076940 号

出 版 人	黄轩庄	责任编辑	黄婷婷	
出版统筹	郭玉婷	责任校对	徐良妍	白星飞
设计统筹	姚明聚	责任印制	王增元	
印制统筹	罗梦来	书籍设计	姚明聚　徐俊霞　刘瑞锋	
			唐　峰　魏立轩	

出　　版	广西师范大学出版社
	广西桂林市五里店路9号　邮政编码　541004
网　　址	http://www.bbtpress.com
发行电话	0773-2802178
印　　装	广西壮族自治区地质印刷厂
开　　本	1230 mm × 880 mm　1/32
印　　张	6.5
字　　数	130 千字
版　　次	2021 年 6 月第 1 版　2021 年 6 月第 1 次印刷
书　　号	ISBN 978-7-5598-3761-5
定　　价	28.00 元

如发现印装质量问题，影响阅读，请与出版社发行部门联系调换。

前　言

《尚书》云："惟殷先人，有典有册。"我国的文献典籍源远流长，浩如烟海，博大精深。从古老的甲骨卜辞、钟鼎金文、碑铭石刻、简册帛书，到书写、刷印在纸张上的书籍卷册，我国的文献典籍拥有3000多年悠久的历史，数量浩繁，形式多样，内容丰富，它们记述了历朝历代人们在政治、经济、文化、军事、宗教、哲学、思想、科技、艺术等各个方面的伟大成就，蕴含着中华民族丰富而宝贵的历史记忆和思想智慧，是中华文明绵延数千年的历史见证，更是全世界人类文明共同的瑰宝。继承好、保护好、传播好、利用好我们的文献典籍这个知识大宝库，"让书写在古籍里的文字活起来"，是我们每一位中华儿女义不容辞、责无旁贷的义务，也是我们坚定文化自信、推动中国特色社会主义文化繁荣兴盛的力量源泉。

一般而言，我们所称的典籍或古籍是指产生于1912年以前，具有文物价值、学术价值和艺术价值的文献典籍，包括汉文典籍和少数民族文字典籍。因而，"广西典籍"也就可以理解为产生于1912年以前跟广西直接相关的汉文典籍和少数民族文字典籍

（由于某些典籍的特殊性，其年限可适当延伸，但不晚于1949年），它包括在广西区域范围之内产生的典籍和在广西之外产生的内容或作者跟广西直接相关的典籍。

本书要跟大家介绍的主要是"现存的广西典籍"，这与"广西现存的典籍"在概念上既有联系又有区别。后者是指目前广西各家公藏单位及私人收藏和保存的典籍，这些典籍只是现在的收藏和保存地点在广西，除此之外，其产生地、内容、作者等方面则未必跟广西直接相关。前者的产生地或内容或作者必须跟广西直接相关，而现存地则未必在广西。由于历史、政治、文化、经济等方面的原因，"广西现存的汉文典籍"主要集中在广西桂林图书馆、广西师范大学图书馆、广西壮族自治区图书馆等公藏单位，"广西现存的少数民族文字典籍"则主要集中在广西少数民族古籍保护研究中心。"现存的广西典籍"包括汉文典籍和少数民族文字典籍，也主要集中收藏在上述4家公藏单位，其他广西壮族自治区内外的公私收藏者所保存的广西典籍的数量和规模都远远没有这4家单位多和大。

我们基于能够目见的广西典籍，通过相关文献资料的考索，大致梳理了广西汉文典籍和少数民族文字典籍的基本情况，并分条简要介绍较有代表性的广西典籍共70种。其中，广西汉文典籍55种，按照经典传统的四部分类法分为经、史、子、集典籍4个大类；广西少数民族文字典籍15种，按照文字种类的不同分为壮族古壮字、京族喃字、彝族彝文、毛南族土俗字典籍4个大类。我们期望通过这本书，给大家介绍广西典籍的概貌，让大家了解我们广西典籍的基本知识和丰富内涵,并进一步理解、热爱、继承和发扬其中蕴含的广西优秀历史文化,为壮美广西的建设发展积蓄前行的精神文化力量。

目 录

广西汉文典籍

广西汉文典籍概况　　2
宋元以前的广西汉文典籍　　2
明代的广西汉文典籍　　4
清代的广西汉文典籍　　5

广西汉文典籍举隅　　10
经部典籍　　10
史部典籍　　19
子部典籍　　44
集部典籍　　55

广西少数民族文字典籍

广西少数民族文字典籍概况	134
广西的少数民族古文字	134
少数民族典籍的界定	141
广西少数民族文字典籍的种类	142
广西少数民族文字典籍的特色	155
广西少数民族文字典籍举隅	163
壮族古壮字典籍	163
京族喃字典籍	189
彝族彝文典籍	191
毛南族土俗字典籍	193
后记	197

朝廣西通志創自郝公浴修於
公紱金公鉷至嘉慶六年謝蘊
山中丞啟昆乃參酌宋周應合
景定建康志及潛說友臨安志
集而成之爲訓典一表四略九
錄二專六體列最善不胄史裁

光緒十七年桂垣書局補刊

广西汉文典籍

广西汉文典籍概况

广西地处祖国南部,钟灵毓秀,文化绵长,涌现出了一大批学者、作家及艺术家,从西汉至清末,这些广西籍的文人学士留下了大量的著述。与此同时,众多外省籍官员及文人学子仕宦、游历于广西,留下了许多有关广西的著述。这些著述为繁荣广西的学术、文化,为丰富广西的历史文化底蕴,做出了杰出的贡献。

自西汉至清末的广西汉文典籍,大致可划分为宋元以前、明代、清代3个发展阶段:宋元以前,可以确考的广西典籍数量极少,并且广西籍人士的著述少于外省籍人士有关广西的著述;明代,广西典籍明显增多,且广西籍人士的著述已超过外省籍人士有关广西的著述;清代,则是广西文化发展的鼎盛时期,著述蔚为大观,数量、范围、内容等各方面都超越了以前任何历史时期。

宋元以前的广西汉文典籍

早在两汉时期,广西就出现了陈钦、陈元父子和士燮等全国著名的经学家。陈钦潜心研究《左氏春秋》,以见解独到而自成一家,当时学术界有"左氏远在苍梧"之说,所著《陈氏春秋》是文献记载最早的广西人著述。东汉末,广西还出现了一位著名的佛学家牟子,所著《理惑论》是中国佛教理论的开山之作,《理惑论》今存于南朝梁代僧祐的《弘明集》中。东汉广东人杨孚所著《异物志》,是我国最早的一部关于地区物产资源的专著,也是最早涉及广西的"地记"。晋代王歆编纂的《始安记》是广西编纂的首部志书,被称为"广西地方志鼻祖"。

隋唐五代时期,广西地区与中原的交流增多,中原不少文人学士,或因贬官,或因宦游,来到广西,将先进的中原文化传到广西,从而推动了广西人才的成长与文化的发展,为著述的产生提供了条件,他们自己也留下了不少关于广西的著述,如《桂林风土记》《岭表录异》《北户录》等。但这一时期见于文献记载的广西籍人士著述不多,曹邺、曹唐二人有诗集传世,清代编纂的《全唐诗》及《四库全书》均有收录。

宋代,广西与五岭以北地区的经济、文化交流更为密切,文化较前代有了进一步发展,并且广西在经济、政治和边防等方面日益显示出更加重要的地位,仕宦、谪宦及游历、避难于广西的文人墨客大大增多,他们记述广西的著作也明显增加,其中范成大的《桂海虞衡志》和周去非的《岭外代答》两书最为人熟知,清修《四库全书》均有收录。宋代的广西方志较之前也有了很大的发展,据统计两宋时期编纂的广西地方志书有60多部,其中北宋的《广西路图经》是广西最早的通志类志书。这一时期见于文献记载的广西人著述也明显增多,其中绍兴初年在容州刻印的

林勋《本政书》十卷附《比较》二卷是广西籍人士著述在广西刊印的最早记载。此外较有名的还有契嵩《镡津文集》、蒋擢《湘山事状全集》,等等。宋代广西典籍在数量上明显增多,印刷技术的进步也是重要的促进因素。宋代开始,雕版印刷工艺和古代活字印刷术相继传入广西,为文献典籍的产生、出版、流通与保存提供了更好的条件。

元代,据文献记载广西籍人士的著述仅有3种且均已散佚。

总体而言,宋元以前的广西典籍数量较少,且广西籍人士的著述少于仕宦、游历广西的外省籍官员、文人所做的与广西有关的著述。其次,宋元以前的广西典籍散佚不存者居多,流传至今的较少,流传至今的广西籍人士的著述更少。

明代的广西汉文典籍

明代,广西文化在宋元的基础上有了很大发展,外省籍及广西籍作者撰写的著述较前代都有了明显的增多,且广西籍作者著述的数量已超过了外省籍作者有关广西著述的数量。

首先,明代广西籍学人著述增多,超过了宋元以前任何时期。明代广西的文化教育事业得到了较大发展,原来文化落后的面貌有所改变,较有影响的文人及其著述明显增多,如:戴钦的《鹿原集》《玉溪存稿》、周琦的《东溪日谈录》、张翀的《鹤楼集》、吴廷举的《东湖集》、蒋冕的《湘皋集》、黄献的《梧冈琴谱》、李文凤的《越峤书》、张鸣凤的《桂胜》《桂故》、王贵德的《青箱集剩》,等等。此外,明代科举入仕的广西籍士人增多,他们仕宦各地时也修纂了不少地方志书,如吴廷举的《[嘉靖]湖广图经志书》、何纪的《[弘治]衡山县志》等。

其次,明代外省籍作者有关广西的著述也较丰富。明王朝加强对广西的统治,大批文武官员及文人进入广西,对广西的历史地理、民俗民风及物产资源等多有考证,留下的著述较宋元以前有明显增多。其一,明代广西的志书编纂取得了较大成就,仅《广西通志》就多达10部,府志60多部,州县志100余部,其中《[嘉靖]广西通志》是现存最早的一部广西通志,《[景泰]桂林郡志》是今存最早的广西地方志,也是流传至今最早的一部广西雕版书。其二,内容涉及广西的史地研究著述大增,其中不乏极具价值、颇有影响的佳作名著,如:田汝成的《炎徼纪闻》、邝露的《赤雅》、徐霞客的《粤西游日记》等。

清代的广西汉文典籍

清代,广西文化随着社会经济的进步而迅速发展,文献典籍进入了繁荣时期。有清一代的广西著述蔚为大观,其数量之多,范围之广,内容之丰富,超越了以前任何历史时期。据《广西省述作目录》及《广西近代经籍志》统计,清代广西有著述问世的作者超过600人,他们的著述则超过1500种,作者之多,著作之富,远非前代可比。就著述的质量而言,也颇可称许,其中最值得称道的是,有清一代,广西在经学、史学、文学、艺术各领

域,均出现了有重大影响的、一流的文人学者及其著述。就理学而言,有临桂陈宏谋,被誉为"岭南儒宗",辑有《五种遗规》。史学而言,有全州蒋良骐,编有《东华录》;文学而言,有王鹏运及况周颐,二人占据"晚清词坛四家"的半壁江山,各有词集行世;艺术而言,有著名画家石涛,所著《苦瓜和尚画语录》是清代重要的绘画理论著作。

除了上述在中国文化史、学术史上可占一席之地的名家与其不朽名作外,广西还有许多学人及其著述也是可圈可点的。其一,清代广西诗坛兴盛,诗人众多。乾隆朝以前成就较高的有谢良琦、石涛、陈宏谋等诗人。乾嘉时期,有胡德琳、龙献图、冯敏昌、杨廷理、黎建三、朱依真、李秉礼等比较著名的诗人。嘉庆至咸丰时期,堪称清代诗歌发展的鼎盛时期,也是广西诗歌创作的黄金时期,大部分的广西著名诗人均出现在这一时期,如朱琦、龙启瑞、王拯、彭昱尧、郑献甫、陈继昌、苏时学、况澄、张鹏展、苏宗经、王维新、廖鼎声、周必超等。同治以后,虽然整体的创作成就不如以前,但仍然保持着繁荣景象,也涌现了不少诗人,主要有唐国珍、于式枚、韦丰华、封祝唐、赵炳麟、王国梁、苏煜坡、唐景崧、岑春煊等。其二,清代广西词坛繁荣,有"海内词坛领袖"谢良琦,有龙启瑞、王拯、苏汝谦"三大中兴词人",更有"粤西词派"作家群——以王鹏运、况周颐二人为首,包括刘福姚、邓鸿荃、龙继栋、倪鸿等人。晚清词坛上"粤西词派"声震海内,与"浙西词派""常州词派"鼎足而立。其三,清代广西古文创作也有相当的成绩,清初就有谢良琦、谢济世、陈宏谋、高熊徵等，至道咸间吕璜、朱琦、龙启瑞、王拯、彭昱尧的"岭西五家"兴起，为"桐城派"中坚，影响甚大。可以说，有清一代，广西文风丕振，文坛兴盛，文学人才蔚为大观，特别是清中后期，广西文坛更是人才辈出，不同凡响。

　　清代广西文人文学著述还有两个亮点，颇值一提。其一，壮族文人文学著述涌现。清代以前，壮族的文人作品流传不多，更未发现文学性的专集，而在清代，专职的作家和完整的诗集时有所见，改变了过去那种东鳞西爪、吉光片羽的状况。其二，女性文学著述涌现。清代以前广西妇女作品集极为罕见，而见于文献记载的清代广西妇女诗集超过30种，今见存者超过10种，清代广西闺秀诗人的崛起，打破了男性对广西诗坛的垄断，她们的出现，为清代广西诗坛、广西文学增添了许多耀眼夺目的光彩。

　　清代广西汉文典籍，以文学著述最多，其次则为地方志书。清代广西方志编纂与全国一样，也进入了鼎盛期。据统计，有清一代，广西编纂志书236部，其中通志8部，府志34部，州志53部，厅志4部，县志126部，土司志3部，乡土志8部。不论是志书的种类，还是志书的数量，均是前所未有的。存世的清代广西方志的数量也是前所未有的，多达141部，而明代仅存19部。清代广西方志，不仅数量可观，质量也颇足称道，省、府、州、县志中均有堪称志书楷模的善本，如谢启昆的《[嘉庆]广西通志》被张之洞称为"省志善本"、被梁启超誉为"省志楷模"，在中国方志史上有着十分重要的地位。其他诸如《[康熙]桂林郡志》《[雍正]太平府志》《[乾隆]南宁府志》《[乾隆]浔州府

志》《[嘉庆]平乐府志》《[道光]廉州府志》《[光绪]镇安府志》《[同治]象州志》《[嘉庆]临桂县志》,等等,在体例、记载、考证各方面也都可圈可点。此外,《[道光]白山司志》是全国最完整的土司志代表作,开创了广西修纂土司志的先河。清代广西地方还出现了寺庙志,如康熙二十年(1681)刻的《湘山志》和康熙四十三年(1704)所刻的《栖霞寺志》,其中《湘山志》是目前广西流传时间最长、内容最丰富的一部寺庙志。

清代,外省籍官员、文人有关广西的著述,除数量可观的地方志书外,其他有关广西的著述也有不少,尤以研究、记述广西地理、历史、民情、风俗、特产等的著述为多,且极具价值。如闵叙的《粤述》、陆祚藩的《粤西偶记》、张祥河的《粤西笔述》、沈日霖的《粤西琐记》、杨翰的《粤西得碑记》等。

清代,广西在地方文献的搜集整理方面成绩斐然,其中重要的文献有:汪森的《粤西通载》、梁章钜的《三管英灵集》、张凯嵩的《杉湖十子诗钞》、张鹏展的《峤西诗钞》、唐岳的《涵通楼师友文钞》、况周颐的《粤西词见》、况澄的《粤西胜迹诗钞》、侯绍瀛的《粤西五家文钞》,等等。

流传至今的宋元以前的广西汉文典籍数量极少,明代的也不多。清代广西著述丰富,且距今不远,保存至今的又有多少?1983年广西民族学院图书馆编印的《广西历代文人著述目录》著录清代广西文人著述1000多种,而一同编印的《广西历代文人著述馆藏联合目录》载录的存世的清代广西文人著述仅有260多种。两书虽搜罗不尽齐全,但某种程度上也能反映清代广西汉文典籍的存佚情况，保守估计，已经散佚七成以上了。

两汉至清末的历代广西汉文典籍，是源远流长、丰富多彩的广西文化的重要载体，是广西文化遗产的重要组成部分，是研究广西文化史、学术史的重要资料。搜集、整理、保存并研究利用这些文献典籍，对我们了解、传承、弘扬广西文化，有着十分重要的意义。

广西汉文典籍举隅

经部典籍

王启元《清署经谈》

王启元(约1559—?),字心乾,明柳州府马平县人。万历十三年(1585)中举后,长期留居京师,深究经史之学。参加进士考试十数次,至天启二年(1622)始成进士,考选为庶吉士,授翰林院检讨。后以老告归,仍笔耕不辍。

《清署经谈》共16卷,天启三年(1623)刊行,传世原本收藏于台湾"中央研究院"历史语言研究所傅斯年图书馆,2005年柳州市地方志编纂委员会办公室据扫描件影印出版。

《清署经谈》是王启元为反对佛学与天主教,捍卫、复兴儒学而作。书中认为佛学与天主教不能僭越儒教,不能与儒教抗衡。作者反对天主教,其排斥"天学"的观点散见于其书中。他认为中国并非不知天,不应求之于西教。但可以看出,在他攻击天主教的时候,却是受了天主教所说"天"与"上帝"之说的影响的。他响应天主教的天主观,首次提出"孔教"的上帝观。

王启元对大道不明、孔学失真感到十分伤痛,批评后儒的阳儒阴佛、空谈、各立门户的流弊。他还阐发"孔子齐治均平之道",标举原始儒教的"君相之大业",颇有己见。

王启元的《清署经谈》虽然流传未广,影响有限,但对研究晚明儒教思想变迁具有相当重要的学术价值。陈受颐先生在《三百年前的建立孔教论:跋王启元的〈清署经谈〉》中指出:《清署经谈》是一本卫道的书,主张糅合政教建立理想的新儒家的宗教。本来中国士大夫著书立说来卫道护教,并没有什么可异之处,但相较于普通卫道书,该书思想自成系统,且在晚明西学东渐的背景下成书,有新的内容。陈先生还指出:纯以儒家宗教思想立场,去跟西教争辩而自成一家的,就怕只有王启元了。

况祥麟《六书管见》

况祥麟(1768—1849),字皆知,号花矼(一作花杠),广西临桂人。嘉庆五年(1800)举人,先后封为奉政大夫、中宪大大,曾捐资倡修嘉熙桥(今桂林七星公园花桥)。道光二十八年(1848)值况祥麟考中秀才六十周年,他以八旬高龄重游泮水,远近投赠诗章,当时的广西名士朱琦、郑献甫等皆有唱和,一时传为美谈。

临桂况氏家族是清代中后期广西乃至全国闻名的文学家族,"晚清四大词人"之一的况周颐就是这一家族的杰出代表,而况

祥麟则是这一家族的奠基者和开创者。况祥麟精研小学，在文字、音韵、训诂等方面多有创获，撰述亦富，但多为稿钞本，正式刊印成书的只有《六书管见》，是其学术代表作。

《六书管见》全书共二十卷，卷一为况祥麟所撰12篇"提要"，分别为：《六书次序》、《说文系传辨疑》、《说文举隅》、《举训诂以证古无去声》、《依声立训大略》、《卦名依声立训》、《礼记训诂语》（附杂录）、《四书训诂语》、《诸家创意》、《字体相易》、《俗字》、《虚字本意》，这12篇"提要"系统阐述了况祥麟"小学"方面的见解和观点，是全书学术观点的高度概括。卷二至卷十九是全书的主体，亦是况祥麟精研小学用力最深之处，卷二、卷三为辨字，卷四、卷五为音韵，卷六至卷十九则按许慎《说文解字》之六书，分门别类，条举件系，一一进行详细的考辨解析。最末第二十卷《说文引经考异》，又专门对许慎《说文解字》及徐锴《说文解字系传》所引儒家经典与今本的相异之处进行细致的考证，并考证段玉裁《说文解字注》与徐锴《说文解字系传》所引《诗经》的相异之处，以及王应麟《诗考》、胡文英《诗考补》所引《说文解字》与徐、段二本的相异之处。全书弘广通达，义例秩然，征引赅博，考证缜密，辨析透彻，持论公允，是一部精研《说文解字》的文字学著作。

旧时儒生读书，多从"小学"入门，只有在熟悉文字、音韵、训诂的基础上，方可研读儒家经书。况祥麟撰写《六书管见》的初意也是为了启迪后进，指导读书，他说："此章句之原，读书不识字，是数典而忘其祖也。"故而该书的撰写，并不是单纯进行繁琐的引证考据,用语也不故作艰深晦涩,而是"明晰晓畅,不为深邃之词"。为了使读者更加便捷更加深刻地理解汉字的含义,况祥麟匠心独运,在卷六、卷七解析象形字的基础上,又专辟两卷,独创"绘形"做进一步的解读;在解析指事字的时候,又以"象事"做更为形象的分析;在解析会意字时,突破前人解字的藩篱,以极具探讨创新的精神而取说于俗字和拆字的训解。这些都使得《六书管见》在指导儒生读书识字方面具有很强的实用性。

但是《六书管见》又不同于一般的幼学启蒙书或字典工具书,它一方面注重指导儒生读书识字的实用性,另一方面又专注于对《说文解字》六书说的研究探析,能够深入浅出,具有十分严谨的学术性。自唐李阳冰刊《说文》为三十卷以降,研究《说文》者代有其人。况祥麟所撰《六书管见》旁

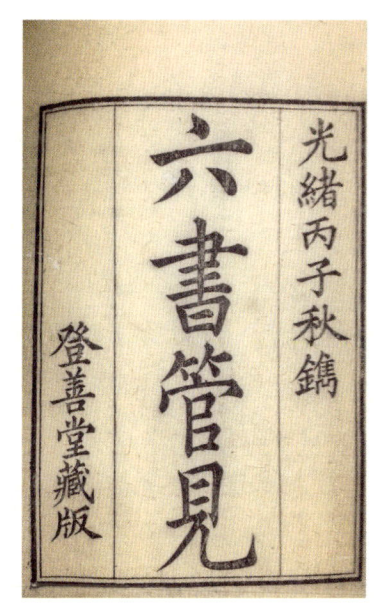

● 况祥麟《六书管见》,清光绪二年(1876)刻本(广西桂林图书馆藏本)

通博采，对历代研究《说文》的一些错漏之处进行了辩驳和纠正，同时也继承并采录了前人的研究成果，王舟瑶《六书管见叙》称其"平心折衷，为实事求是之学，而无门户之见"。

况祥麟的《六书管见》在广西语言文字学史上占有重要地位，顾绍柏先生称："在王力、岑麒祥崛起之前，粤西在语言学方面，文字学家况祥麟、音韵学家龙启瑞，各有独到贡献。"

郑献甫《愚一录》

郑献甫（1801—1872），原名存纻，字献甫，后避清文宗咸丰帝讳，以字行，别字小谷，自号识字耕田夫。道光五年（1825）举人，道光十五年（1835）进士，官刑部主事。次年因父病告假南归，随后两年父母相继去世，道光十八年（1838）以迭遭家难辞官，遂不复出仕。道光十九年（1839）应招入湖北巡抚伍实生幕，为其子弟授业，因得饱览伍府藏书。道光二十二年（1842）至二十八年（1848）先后主讲宜州德胜书院、庆江书院，道光二十九年（1849）至咸丰六年（1856）先后主讲桂林榕湖经舍、秀峰书院。咸丰七年（1857）为避战乱迁往广州，次年执教广东顺德凤山书院，咸丰十年（1860）执教广州越华书院。同治元年（1862）回桂林定居，同治六年（1867）广东巡抚郭嵩焘奏请朝廷敕令郑献甫赴广东委用，郑力辞不就，清廷赐予五品卿衔。同治七年（1868）应乡人之请回象州主讲象台书院，并担任《象州志》总纂，同治八年（1869）主讲柳江书院。同治十一年（1872）

再至桂林，主讲孝廉书院。是年十月卒于桂林讲席任上。

《愚一录》是郑献甫平日读书学习时所做札记的结集，他在《拟作愚一录自序》中记述了撰写该书的缘起。他小时候读书看到钱大昕的《十驾斋养新录》和顾炎武的《日知录》，十分倾慕，认为读书应当向这两位先哲学习。之后又读到王应麟的《玉海》和郑樵的《通志》，逐渐学会了读书的门径和著书的方法，于是便立志要撰写《愚一录》。郑献甫撰写《愚一录》，内容原本涉及近二十种典籍，包括儒家经典和《史记》《汉书》《后汉书》《晋书》等史书，以及《庄子》《荀子》《吕氏春秋》《淮南子》等诸子书。郑献甫后来又读到《通志堂经解》和《皇清经解》，很惊喜地发现自己读书所获心得相比于《通志堂经解》里宋人的观点"不相袭"，与《皇清经解》里清人的观点"大半相同"，对自己所做的读书札记颇为满意。

● 郑献甫《愚一录》，清光绪三年（1877）刻本（广西桂林图书馆藏本）

　　咸丰中，郑献甫在友人劝勉之下，准备将自己的这些读书札记整理刊印，拟编为十卷，但不幸遭遇盗匪，《愚一录》书稿尽失。后来靠回忆，重新编写此书，但卷帙规模已大为缩减，内容也以儒家经典为主，历史和诸子方面的内容都很少了。同治末，重新编写后的《愚一录》书稿被王拯借去，不久郑献甫卒于桂林讲席任上。之后书稿几经辗转，由门人周幹臣校定，并寄往同门林肇元处。林肇元随后又得到郑献甫儿子郑栗田寄来的《愚一录》初本。林氏遂将校本、初本进行比对整理，然后付梓刊印，这就是现今传见的光绪二年（1876）黔南刻本《愚一录》十二卷。

　　郑献甫取古训"智者千虑必有一失，愚者千虑必有一得"之义，定书名为"愚一录"。全书既有文字、音韵、训诂方面的考释校订，又有对义理的独到阐述发挥，实为群经汇解。

　　郑献甫为学不名一家，兼采众长，在经学方面创获颇多，《愚一录》就是集中反映其经学思想、体现其经学成就的代表著作之一。虽然他不以汉学名家，但其经学观点的基本立场仍是属于汉学系统的，只是反对汉学过于注重考据的繁琐学风。覃汉吨先生称："郑献甫的经学观是以古文经学为基础，兼采今文经学及众家之说解经。学风与东汉郑玄相似，但在主张实学方面又秉承顾炎武、黄宗羲、王夫之等人的遗风。"故著名易学专家杭辛斋先生称郑献甫为"西南朴学巨子"，徐德明先生《清人学术笔记提要》亦称郑献甫为"晚清考据家之佼佼者"。

　　郑献甫《愚一录》在广西经学史上占有重要地位，时人和后人对其多有较高的评价。郑献甫门生林肇元称该书"考据辨论之精且详，窃以为可与王伯厚《困学纪闻》、顾亭林《日知录》后先鼎立"。葛元煦读了《愚一录》之后，对其推崇备至，特将其列为《啸园丛书》第一函第一种重新校刊出版，《愚一录》流布益广。

龙启瑞《古韵通说》

龙启瑞（1814—1858），字辑五，号翰臣、妙香居士，广西临桂人。道光十四年（1834）举人，道光二十一年（1841）辛丑恩科状元。授翰林院修撰，历任顺天府乡试同考官、广东乡试副考官、湖北学政。太平天国事起，龙启瑞因丁忧在籍，与朱琦一起奉命组织团练进行抵抗，因防守省城桂林之功升侍讲学士。咸丰六年（1856）授通政司副使，出任江西学政，官至江西布政使。咸丰八年（1858）卒于任上。

古韵，指上古音。音韵学向被视为"绝学"，甚难把握，不免令常人望而生畏。龙启瑞在精通古文的同时，又潜心研究音韵学，著音韵学著作多种，《古韵通说》即是其一。书成于咸丰四年（1854）底。同治六年（1867）十一月刊成，另有光绪九年（1883）四川尊经书局刊本等。

清代，上古音韵的研究取得了很大成就，研究集中体现在上古音的分部上，如顾炎武将古韵分为十部，江永分为十三部，戴震分为二十五部，段玉裁分为十七部，孔广森分为十八部，王念孙分为二十一部，严可均分为十六部，江有诰分为二十一部，朱

骏声分为十八部,等等,或密或疏,各有理据。龙氏融贯各家,参互折衷,断以己意,分古韵为二十部,即一冬,二东,三支,四脂,五质,六之,七歌,八鱼,九侯,十幽,十一宵,十二真,十三谆,十四元,十五阳,十六耕,十七蒸,十八侵,十九谈,二十缉。每部按诗韵、经韵、本音、通韵、转音次序排列,条分缕析,便查便读。每部又附"论""赞","论"表明著者对该部的总看法,"赞"则以韵文形式概括该部大要。每部一卷,全书二十卷。第一卷之前,又先有《总论》,由《论古韵宽严得失》《论〈诗〉以双声为韵〈说文〉以双声为声》等六篇专论组成,从不同角度阐述本书的主要论点与依据,是全书的理论基础和核心。

有清一代,音韵学研究名家辈出。在龙启瑞之前,顾炎武、段玉裁、江永、戴震、钱大昕、孔广森、王念孙等学者在此领域多有成就。龙氏"合段张姚苗四家撰述及孔王刘三家之说为一书,凡古韵二十部,于后更为通说系之,故以'古韵通说'名其书"。全书贯穿音韵学的各个名家,裁取较为得当,其中也反映了龙氏本人的见地。对"古韵宽严得失"论述详尽而透彻,对"本音""转音"有许多精辟的独特见解,其"通韵"一说,前无古人,且言之确凿,考据精审。但二十部的取舍也有不当之处,有欠斟酌。

可以说,《古韵通说》融汇了自汉以来音韵学各学派,博取众人之长,又有真知灼见,故尤为人肯定、推崇。谭献《清代师儒表》中称赞龙氏"集韵学之大成",惋惜他"诗词小学均为古文所掩"。现代著名语言学家王力在其有关著述中亦特别加以称引。可以说，清代是音韵学研究尤其是古音古韵研究集大成的时代，而龙启瑞便是其中的代表人物之一，所著《古韵通说》"集韵学之大成"，代表了他在音韵学上的成就，奠定了他在音韵研究史上的地位。

史部典籍

莫休符《桂林风土记》

莫休符，生卒年不详。封州开建（今广东封开）人。任官银青光禄大夫、检校左散骑常侍、御史大夫、融州（今广西融水）刺史。莫休符于广西任职期间，留心收集桂林奇观胜迹，退居后整理成《桂林风土记》，书前有其作于唐昭宗光化二年（899）的序云："前贤撰述，有事必书。故有《三国志》《荆楚岁时记》《湘中记》《奉天记》。惟桂林事迹，阙然无闻。休符因退居，粗录见闻，曰《桂林风土记》，聊以为叙。"据此可知，《桂林风土记》是一部"见闻录"，一部笔记著作。

据历代史书和目录学著作记载，《桂林风土记》原有三卷，但现存仅一卷。常见的版本有《四库全书》本、《学海类编》本、《丛书集成初编》本、《百部丛书集成》本等，均非完本。《四库全书》本所据为"纪昀家藏本"，是现存的各版本中比较完善的本子。

现存《四库全书》及《学海类编》等收录之《桂林风土记》，全书均为42条（篇）。记载桂林的寺庙、里宅、城亭、井渠等名胜古迹，以及人物掌故、地理山川、民族风情等。其中着重描述桂林的山水景点和古建筑的有东观、訾家洲、漓山、尧山庙、东出亭、碧浔亭、独秀峰、灵渠、曹邺的迁莺坊、颜延之宅第等20多条。记载名人的逸闻趣事的有《米兰美绩》《李给事长歌》《颜延之》《李袭志》《李靖》《褚遂良》《张九龄》《桂州陈都督》《袁恕己》《张鷟》等10多条，这些名人大都曾在桂林为官并有政绩。每条长短不一，短的仅二十来字，如"伏波庙"条："伏波庙在郭中之东北二里，是东汉伏波将军马援之祠也。"长的则多至三、四百字，如"桂林""东观"等条。所记内容附有作者考证议论，于文后注"休符驳"或"休符驳议"。尽管条目的篇幅不大，但涉及的内容却十分丰富，如"尧山庙"条，除述及尧山的方位、得名、自然特点，还言及每年春耕候雨时，人们都以观察尧山上面云雾变化作出预报的事。全书篇幅也不大，但涵盖了桂林历史沿革、风土人情，主要风景名胜、自然景观的特点及其神话传说等，对研究桂林及广西历史地理很有价值。

《桂林风土记》亦极具文学史料价值，它的许多条目在述及桂林山水风景或名胜古迹时，收集了众多唐代诗人的诗作。如"东观"条，除记东观的位置及附近环境等情况外，并记"旧有亭台，近已摧坏。前政张侍郎名固，大中年重阳节宴于此"，其后录有宴会时张固的《重阳宴东观山亭和从事卢顺之》诗及卢顺之的和诗《重阳东观席上赠侍郎张固》。所录诗作多属唐代遗失或他书未载之篇，清代编辑的《全唐诗》，其中收录的张固、卢顺之上述诗作，均依据《桂林风土记》所载录。

莫休符《桂林风土记》对后世同类书籍的写作具有深远影响，如宋人范致明《岳阳风土记》、元人周达观《真腊风土记》等记述南方民族地区的各种杂记。总之，《桂林风土记》是唐末一部重要的笔记著作，也是文献记载并存世的最早的有关桂林历史地理和风俗人情的风物志。对研究桂林地区的山水名胜、自然景观，研究唐以前岭南与中原的交往，以及中国古代文学等，均有重要史料和科学价值。

范成大《桂海虞衡志》

范成大（1126—1193），字致能（一作至能），曾自号此山居士，晚年又号石湖居士，平江府吴县（今江苏苏州）人。绍兴二十四年（1154）进士。累官至参知政事。忠直有才干，为南宋名臣。诗名卓著，是南宋"中兴四大诗家"之一。平生著述甚丰，有《石湖集》《揽辔录》《骖鸾录》《吴郡志》《桂海虞衡志》等传世。《宋史》称其"素有文名，尤工于诗"。

《桂海虞衡志》是范成大记叙广西风土的著作。乾道八年（1172）冬，范成大出知静江府，兼广南西路经略安抚使，于九年（1173）春抵达桂林，至淳熙二年（1175）春奉调四川。在广西历时两年，多有惠政。其赴桂行记，有《骖鸾录》一书。《桂海虞衡志》，则是其淳熙二年（1175）"承诏徙镇全蜀"，由桂入

川时在途中写成，专记广西风物土宜。桂海，指广西地区；虞衡，古时官名，是掌管山林川泽的官。书成后，曾以单行本问世，后收入《石湖大全集》。陈振孙《直斋书录解题》、《宋史·艺文志》等有著录。元明间，《石湖大全集》与《桂海虞衡志》原本陆续亡佚，明代后期出现一种与《石湖大全集》所收的《桂海虞衡志》不同的本子，即所谓"今本"。今本《桂海虞衡志》大大地删削了旧本的内容，其佚文常见于各种类书及各种有关的专著之中，如宋人黄震《黄氏日抄》、元人马端临《文献通考·四裔考》等。《桂海虞衡志》在各丛书中多有刻本，今天所能见到的主要版本有：嘉靖陆楫《古今说海》本、万历吴琯《古今逸史》本、涵芬楼铅印《说郛》本、宛委山堂所刊《说郛》本、《四库全书》本、鲍廷博《知不足斋丛书》本，等等。今人的校注、补佚本主要有：孔凡礼《范成大笔记六种》，胡起望、覃光广《〈桂海虞衡志〉辑佚校注》，严沛《〈桂海虞衡志〉校注》，齐治平《〈桂海虞衡志〉校补》。

今本《桂海虞衡志》共十三篇，篇目为志岩洞、志金石、志香、志酒、志器、志禽、志兽、志虫鱼、志花、志果、志草木、杂志、志蛮。各篇有小序，简述各篇要义及收录范围。《桂海虞衡志》首创了以一个地区为单位，分门别类一条一条地记述自然、物产、政治、民情等情况的体例。以实地调查、亲身经历、耳闻目睹的材料为基础，进行简洁扼要的叙述。《四库全书总目提要》称"诸篇皆叙述简雅，无夸饰土风，附会古事之习"。书中记述了宋代广南西路的山川形胜、矿产资源、动物植物、物产器具、风土人情、民族关系等情况，可称为广西的博物志、民族志。对研究古代广西及岭南地区的山川物产、少数民族社会生活、风土人情和文化有重要的参考价值。对以后的植物学、动物学、历史地理学、经济地理学，特别是对民族学、民俗学、南方民族史、中外关系史等学科的研究都具有一定的科学价值。如"杂志"篇中记载的"土俗字"，首次记述了古代壮族先民利用汉字改制以后，用以记录壮语的情形，对于壮汉之间文化交流和壮族文字发展的研究有着十分重要的意义。

《桂海虞衡志》成书以来，多被历代学者所征引，如王象之《舆地纪胜》、马端临《文献通考·四裔考》、李时珍《本草纲目》及《[嘉靖]广西通志》《[万历]广西通志》等。明王士性《桂

● 范成大《桂海虞衡志》，清鲍氏刻《知不足斋丛书》本（广西桂林图书馆藏本）

海志续》、清檀萃《滇海虞衡志》等诸多著述，都仿照《桂海虞衡志》而作。该书还传到海外，日本各图书馆现存《桂海虞衡志》各版本十数种，其中有两种是在日本翻印的和刻本；日本利用和研究《桂海虞衡志》一书的学者也不少。

周去非《岭外代答》

周去非（1134—1189），字直夫，永嘉（今浙江温州）人。南宋隆兴元年（1163）进士。乾道、淳熙间服官广西，初任静江府属县尉，之后任钦州教授、权摄静江府灵川县、复任钦州教授。任职岭南间，留意当地民族风俗、物产等，随事笔记，记录所见所闻，"得四百余条"。"秩满"东归，退居家乡时，亲友故旧不时询问岭南之事，不能一一作答，就将所做记录，参照范成大《桂海虞衡志》，选取294条，编辑成书，名为《岭外代答》，以飨亲友。

《岭外代答》书成后便有流传。尤袤《遂初堂书目》、赵希弁《郡斋读书志附志》、陈振孙《直斋书录解题》等书目典籍均有著录。其后又见引于王象之《舆地纪胜》、祝穆《方舆胜览》等书。但是多种迹象表明，自本书问世以来，长时期内并未刻板印刷，而只有抄本流传。《宋史·艺文志》不见著录，盖史臣也未得见，可见至元末时传本已稀少。《永乐大典》抄入了《岭外代答》，至乾隆间编修《四库全书》时，四库馆臣从《永乐大典》中辑出本书，后鲍廷博《知不足斋丛书》也有收录。

今该书十卷二十门（一门佚其标目），存目294条。第一卷为"地理门"和"边帅门"。"地理门"有"百粤故地""广西省并州""五岭""桂林岩洞""天涯海角"等22条，涉及广西的区域范围、建制沿革、州县并合、山川河流等。"边帅门"6条，主要记广西军政建制的渊源、演变及辖属。卷二"外国门上"10条及卷三"外国门下"14条，涉及"安南国""大秦国"等国之地理位置、风物国情与通达路线等。卷三"□□门"（佚去标目），共计12条，9条言兵，2条言民，1条僧道。卷四"风土门"及"法制门"。"风土门"11条，涉及气候、居所、风俗、语言文字等内容。"法制门"6条，涉及铨选、役法等。卷五"财计门"有"广右漕计""广西盐法"等8条，记广西财政盐法、马政、市场贸易等。卷六"器用门"20条、"服用门"10条、"食用门"7条，记物产器具、服饰及饮食。卷七的"香门"7条、"乐器门"6条、"宝货门"7条、"金石门"13条，则分别述及香料、乐器歌舞、珠宝、矿产等。卷八"花木门"45条、卷九"禽兽门"38条，分别介绍水果、树木、花草、动物等物产资源。卷十"虫鱼门"12条、"古迹门"9条、"蛮俗门"16条、"志异门"15条，分别记虫鱼类生物资源、名胜古迹、婚恋风俗及信仰风俗等。

《岭外代答》是研究广西社会历史地理的重要文献。其所记述，条分缕析，内容主要叙述宋代广西山川地理、物产器具以及军事政治、社会经济、民族风俗等情况。较以前记载广西情况各书而言，其记叙内容丰富而详细，参考价值甚高。其边帅门、法制门、财计门等，对广西漕计之赢绌、盐法之利弊、铨选之得失，

以及边陲之驻兵、行政、贸易等状况的记载详细明确,保留了许多正史中未备的史料;其外国门、香门、宝货门兼及南洋诸国,并涉及大秦、大食、木兰皮诸国,反映了当时岭南地区与海外诸国的航海交通、经济贸易等情况。

该书还是研究宋代中西海上交通贸易和12世纪南海、南亚、西亚、东非、北非等地古国史的珍贵史料,为古今中外学者所重。如宋代赵汝适所著《诸蕃志》,记安南、占城、大秦、大食、波斯等国情况时,采录甚多。近代有关中西交通史、东南亚史研究等方面的重要论著,如冯承钧的《中国南洋交通史》、日本藤田丰八的《中国南海古代交通丛考》等,在叙述12世纪情况时,无不援引其资料以为史证。《中国地域文化通览·广西卷》在论及宋元时期广西典籍时称:"本书不仅是研究广西、广东、海南的古代社会历史地理名著,也是研究东西方古代海上交通史的必备参考书之一。"

应槚《苍梧总督军门志》

应槚(1494—1554),字子材,浙江遂昌人,嘉靖五年(1526)进士,初授刑部主事,先后知济南、常州、宝庆诸府,升河南按察使、山东右布政使、山东左布政使、巡抚山东、山西,总督两广,卒于两广总督任内。凌云翼,字汝成,一字延年,号洋山,江苏太仓人,嘉靖二十六年(1547)进士,曾任两广总督。刘尧诲(1522—1585),字君纳,号凝斋,湖广临武人,嘉靖三十二年（1553）进士，累迁福建巡抚、江西巡抚、两广总督，后官南户部尚书、兵部尚书。

《苍梧总督军门志》专记有明一代两广总督管辖区内各有关军事事宜。"苍梧总督军门"，两广总督府的别称，因驻苍梧县而得名。成化五年（1469），韩雍以右都御史总督两广军务，设总督府于梧州。该志前后凡三纂：嘉靖三十年（1551），应槚提督两广军务，平定两广"蛮獠"，出于为后世安边御敌计，于三十一年（1552）"乃搜故事典实，为苍梧军门志"，次年成书，凡24卷；万历三年（1575），凌云翼以兵部左侍郎提督两广军务，嗣修之；万历七年（1579），刘尧诲继任两广总督，"乃取苍梧督府旧志重修之"，再成其书，九年由广东布政使司刻印。该书流传较少，历代书目著录亦稀，除《千顷堂书目》《［嘉庆］广西通志·艺文略》等几种书目著录外，诸多著名的公私书目和一些地方文献书目，均不见载。万历九年（1581）刻本《苍梧总督军门志》，今上海图书馆有藏。

《苍梧总督军门志》共三十四卷，内容大要如下：卷一有开府、历宦；卷二制敕；卷三到卷五舆图；卷六到卷十三兵防；卷十四经费；卷十五操法；卷十六赏格、罚格；卷十七到卷二十一讨罪；卷二十二事例；卷二十三到卷二十七奏议；卷二十八碑文；卷二十九集议；卷三十到卷三十四纪略安南。

全书资料丰富，内容多涉及军事方面，包括了当时军队编制、防区部署、军情士气、军事法规、战阵操法、通讯联络、军功赏罚、军事经济、军费开支、土客军关系以及战争史等诸多方面的

情况，为研究明代两广地区边疆军事史，提供了一份较为集中的资料。同时，该书旁及的民族史、经济史方面的资料，亦有助于对明代两广地区上述问题的研究。书中所依据的材料，多为当时官府档册、案牍公文，兼及石刻碑文、时贤博议等，这些材料现今多不得见。该书是当朝人记当朝事，特别是嘉靖至万历间事，距修纂时间较近，且许多是修纂者的亲身经历，较之后人或局外人所记，真实可靠一些，可据该书资料与其他史料互相补充，互为印证。

《苍梧总督军门志》是我国古代一部重要的边疆军事志书，在地方志发展史上有重要地位。有学者称其"可说是我国古代现存的第一部体例完备的军事志"，"《苍梧总督军门志》的出现，是中国古代军事志自成一体而独立于普通方志的标志"。陈光贻于所编《稀见地方志提要》中称"此志为关、镇、军志体裁最备者"。

张鸣凤《桂胜》《桂故》

张鸣凤，生卒年不详，字羽王，号阳海山人、漓山人，广西临桂人。嘉靖三十一年（1552）举人。历任雷州司理参军、六安判官等，入参浙帅幕，奉檄编撰河漕书。升苏州府通判，转官应天府，未到任被劾入狱。再谪利州卫，后官兴国通判。晚归居桂林。历嘉靖、隆庆、万历三朝，一生漂如浮萍，足迹遍及大江南北，与明后七子中的吴国伦、王世贞，以及七子外的沈明臣、欧大任、黎民表、俞安期等交往甚密。张鸣凤文学才华出众，著述甚丰，有《漕书八论》《西迁注》《桂胜》《桂故》等。

《桂胜》《桂故》是桂林的历史地理著作。张鸣凤祖上世居广西，其晚年家居时，应当时两广总督刘继文邀约而作此书。书纂成于万历十七年（1589）。该书内容独立，各有侧重，可互相参考。

《桂胜》一书，记述桂林名胜掌故，全书十六卷。以山水景点标目分卷，第一至十五卷，为独秀山、漓山（今象鼻山）、雉山、南溪山、伏波山、七星山等21处，第十六卷为漓水、阳江等6处。每卷中，首先概述景点之得名、方位、特点、发展变化等，其中引《桂林风土记》《桂海虞衡志》等书的记载为佐证。概述后是有关此景点的诗、文、题名。材料以六朝为始，宋朝为终，其中唐宋尤多。除少数出自历史典籍、地方文献外，其余大多是从该景点的崖壁上采拓下来的摩崖碑文。对其中遗漏或特别之处，张氏都加以解释或订正。诗、文、题名后则以"漓山人曰"结尾，主要是张氏编撰该卷后的感想和见解的记录，其中包括了该卷某些材料选取的原则及立场。《桂胜》一书，体例严谨有度，又不失新意，材料安排科学合理，有考证翔实的金石史料，又有精辟独到的总结分析，前人对其十分推崇，《四库全书总目提要》也给予它"最为典雅"的评价。

《桂故》，是对《桂胜》相关内容的补充和诠释，其书多以附《桂胜》的形式存在，世人多称其为《桂胜》的姐妹篇或续篇。全书共八卷。卷一《郡国》，卷二《官名》，卷三至卷五《先

政》,卷六《先献》,卷七分《游寓》《方外》两部分,卷八《杂志》。除卷一、卷二是对桂林地名及职官的考证外,卷三至卷八各卷收录的人物都曾在《桂胜》书中有所提及,实为《桂胜》中诗、文、题名所涉及的人物作传。每卷末都有"漓山人曰",记录张氏的议论之言、心得体会及考证结果等,与《桂胜》一脉相承。

总之,《桂胜》《桂故》二书,既有体例之佳,又有内容之胜,堪称历史地理著作中的上乘之作,故自其刊印以后,备受推崇,对后世同类著作也产生了很大的影响。《桂胜》《桂故》以其资料的丰富性,成为研究广西古代历史的第一手资料;它收录的众多山水诗文作品也是研究广西地方文学的重要资料;它记录的众多石刻文献更是研究古代旅桂士人在广西活动的珍贵资料。

曹学佺《广西名胜志》

曹学佺(1574—1646),字能始,一字尊生,号石仓居士,福建侯官(今福建福州)人。万历二十三年(1595)进士。后任四川右参政,有政绩,升任按察使。万历四十一年(1613),因得罪蜀王,被罢职回籍。天启二年(1622),被起用为广西右参议。天启六年(1626)秋,迁陕西副布政使,尚未赴任,以得罪魏忠贤党,被劾去职。崇祯十七年(1644),李自成攻入北京,明思宗自缢,曹学佺闻讯,投池自杀,为家人所救。次年,唐王即位于闽,授礼部右侍郎兼侍讲学士,进尚书,加太子太保。清顺治三年（1646），唐王败，清兵入闽，曹学佺自缢殉节。乾隆十一年（1746），追谥"忠节"。曹学佺著述宏富，有《五经困学》《蜀汉地理补》《石仓诗稿》《石仓文稿》等。

《广西名胜志》节选自曹学佺《大明一统名胜志》。《大明一统名胜志》，又名《大明舆地名胜志》《天下名胜志》，凡二百七卷目录一卷，是按各地名胜独立分卷，最终连缀一体而成的地理学著作。

曹学佺在广西任职期间，广罗史志、诗文典籍，并留心搜集采访见闻，编成《广西名胜志》十卷，天启二年（1622）成书。卷首为《广西总叙》，概述广西建置沿革。卷一至卷八记载各府、州、县沿革和山川、名胜、名人，卷九载右江土司，卷十述左江土司，对各土州、土县的土官世袭制度记载比较具体。全书以府、州、县名为标目，按行政区划叙述山川名胜。府、州、县名下注距省城、府邑的方位及距离。对府、州、县的历史变迁，多引古人言论；对山洞河流、古迹名胜，详其位置、特点、典故，后附名人诗文、题名。

曹学佺在广西任职数年，很熟悉广西的历史故实，《广西名胜志》的一些载述，以及对所记载之事所做的按语，对研究广西的历史可谓第一手资料，如"全州之名，本于湘山寺僧全真"，最早就见于曹氏之说。《桂学文库·广西历代文献集成》影印本《广西名胜志》，其《解题》评价该书："所载内容宏富、条理明晰，且多引明后散佚不存之书，诸多条目可补史籍之不足，确可以作为研究广西史志、名胜的重要参考文献。"

蒋良骐《东华录》

蒋良骐（1723—1789），字千之，又字赢川，广西全州人。自幼聪敏过人，又勤奋笃学，史书记载他"才想宏富，倚马千言，为西粤文人之冠"。乾隆十六年（1751）中进士，次年庶吉士散馆，授翰林院编修。乾隆十九年（1754），以养母乞归，期间应全州知州黄德星之邀，重修《全州志》。十年后，"终养事毕"，再任翰林院编修。乾隆三十年（1765），充国史馆纂修。三十八年（1773），考选江西道监察御史。四十二年（1777），擢升鸿胪寺少卿。四十四年（1779），迁为奉天府丞。五十一年（1786），迁通政使。

《东华录》成书于乾隆年间，是蒋良骐终养老母事毕复职后在京任职期间编纂的。其时正值清廷为重修国史列传，在紫禁城东华门内重开国史馆，蒋良骐充任国史馆纂修官，经手编纂过多篇《名臣列传》，平日又留心掌故，广览典籍，勤于摘录，为编撰《东华录》做了资料准备。《东华录》是蒋氏因职务之便，以"实录"及其他政府档案资料为主，并参考私家著述撰写而成。书之得名，是因国史馆设于清宫东华门。

作为一部编年体史料长编，《东华录》记载的是清入关前后五帝（太祖、太宗、世祖、圣祖、世宗）六朝（天命、天聪、崇德、顺治、康熙、雍正）的史事。记事起万历十一年（1583），迄雍正十三年（1735）。全书内容按年月日顺序排次。

蒋良骐开创了"东华录"史体先河。继他的《东华录》之后，光绪初又有王先谦仿蒋氏体例,续抄乾隆、嘉庆、道光三朝实录,并将蒋良骐《东华录》增补加详,为《九朝东华录》。之后,又有潘颐福修成《咸丰朝东华录》,加之王先谦《同治朝东华录》,总称《十一朝东华录》,凡625卷,蔚为大观。宣统间,朱寿朋撰《光绪朝东华录》。至此,由蒋良骐开创的"东华录清史",完整地形成。各朝《东华录》均以《清实录》为主要依据,当时《清实录》藏于内府,非一般人所得见,所以《东华录》受到重视。

王先谦《九朝东华录》增补加详了蒋良骐的《东华录》,且清朝灭亡后,《清实录》又影印发行于世,在这种情况下,有人认为蒋良骐的《东华录》已失去了存在的价值。其实不然,蒋氏《东华录》仍是不可替代的,仍有不可忽视的史学价值。

其一,蒋氏《东华录》保留了存世传本《清实录》所不载的一些重要史料。一

● 蒋良骐《东华录》,清刻本(广西桂林图书馆藏本)

方面，蒋氏《东华录》虽然主要摘抄自《清实录》，但它还兼采了许多其他文献。另一方面，我们今天所见的存世传本《清实录》是经过了多次篡改的，而蒋氏《东华录》所据的《清实录》更接近于原本。因此，蒋氏《东华录》的许多史料，仍有存世传本《清实录》不可替代的作用。

其二，蒋氏《东华录》保存了王先谦《东华录》所不载的一些重要史料。蒋氏《东华录》所辑录的许多重要资料是官修实录所未载的，也是王氏《东华录》没有辑录的。正是基于以上原因，蒋氏《东华录》至今仍是史学界研究清前期历史的重要参考资料，《中国大百科全书》也称其"对研究清初历史仍有重要参考价值"。

再有，蒋良骐《东华录》在史料考订上做了不少工作，编纂上也有可取之处。《东华录》还对广西籍京官的遭遇，做了详细记载，尤其是对雍正四年（1726）谢济世弹劾田文镜案，以及雍正七年（1729）文字狱的记载，不惜大量篇幅，为今人研究谢济世和陆生楠提供了丰富的史料。

谢启昆《[嘉庆]广西通志》

谢启昆（1737—1802），字良壁，号蕴山，别字苏潭，江西省南康人。乾隆二十六年（1761）进士，历官编修、河南乡试主考、镇江知府、扬州知府、浙江按察使、山西布政使等职。嘉庆四年（1799），擢升为广西巡抚。谢启昆在广西主政三年，察吏安民，兴利除弊，整顿粮赋，兴修水利，疏浚河道，救济孤贫，政绩不凡。谢启昆是学者型官员，出身于书香世家，著述宏富，在经学、史学、文学、目录学、方志学等方面都有不俗的建树和造诣。

胡虔，名雏君，号枫原，安徽桐城人。乾嘉时期著名学者，工古文，精考据，尤擅长地理、方志之学。胡虔作为谢启昆的主要幕僚之一，协助谢启昆编著了《西魏书》《小学考》《南昌府志》等，自著有《柿叶轩笔记》《识学录》。

《[嘉庆]广西通志》，俗称"谢志"或"谢通志"，是新中国成立以前广西最完善的一部通志，也是清代最负盛名的一部通志，在中国方志史上有着十分重要的地位和影响。其主修者谢启昆，十分重视修志工作，在南昌知府任上就曾主修了《南昌府志》。嘉庆四年（1799），谢启昆衔命抚桂，尚未到任，在了解到广西有70年未修通志的情况下，就有了修新省志的打算，并开始着手准备修志的资料。史书记载，谢启昆从浙江来到广西，随行就携带了8船书籍。嘉庆四年十二月谢启昆到达桂林，次年正月就开设了通志局，以胡虔为总纂，另有分纂九人，都是饱学之士。谢启昆自任编修通志的总裁，不仅总领其事，而且还亲自编订志书凡例，参与志书修纂的许多细节工作。嘉庆六年（1801）《广西通志》书稿编成，七年二月开雕，九月竣事。只是可惜，谢启昆已于同年六月病故于广西巡抚任上。

《[嘉庆]广西通志》与先前的同类著作相比较，其特色十分突出：其一，体例新颖、雅饬。谢启昆借鉴历代史籍和方志的编

纂体例，比较得失、舍短取长，在继承前人修志传统的基础上有诸多创新，集历代典籍、方志体例之大成。全书共计280卷，其中卷一为"衔名""叙例"。正文计279卷，分为典、表、略、录、传5大类，统22目（门），分别是训典1，郡县沿革、职官、选举、封建4表，舆地、山川、关隘、建置、经政、前事、艺文、金石、胜迹9略，宦迹、谪宦2录，人物、土司、列女、流寓、仙释、诸蛮6传。各目之下，又视内容多寡酌分细目。全书层次结构明晰严谨，有条不紊。类目的设置得体，门类齐全，涉及方面相当完备。创立有新类目，如创"前事"一目，记载自秦汉以迄明朝的大事；"金石"一目，载两晋至元代之作，开广西金石入志先河。其二，取材广泛，汇集的资料丰富。全书于清中叶以前广西史料极力囊括，为一方史料之总汇。其引用的文献资料，达350余种，其范围涉及正史、别史、政书、类书、地理书、地方志、杂志、官府档册等，并有谢启昆令十二府州采辑的资料及档案文书，资料极为丰富。如其宦迹、谪宦、列传等门类，收录先秦至清嘉庆初人物达2800多人，生平事迹资料翔实。全书对广西多民族居住地区的种种特色，创立相应的门类和条目，如设立了土司、金石等专条，以具体的内容揭示出广西地区特有的历史和现状，资料极具地方色彩。书中资料皆一一注明出处，以明来源，便于后人稽考。综观全志，横分门类，纵写始末。包容了广西秦汉至清嘉庆初年广西的自然地理、区域沿革、政治、经济、文化、教育、军事、民族、风俗、物产等各方面的资料。其篇幅之大，内容之丰富，梳理之明晰、体例之完备，超过了广西以往的通志。

《[嘉庆]广西通志》书问世后,备受世人推崇,在方志界产生了重大影响。梁启超盛赞其"旧志中号称最佳""为省志楷模"。由于"谢志"的开创之功,后世多奉为圭臬,仿效者不乏其人,两广总督阮元主修《广东通志》,其体例即以"谢志"为本。另外,谢启昆手撰的《[嘉庆]广西通志·叙例》,内容涉及方志性质、源流、功用、体例、编纂等诸方面,立论尤为周备、精辟,多有创获,在我国方志理论、方志学术史等方面都占有重要地位。

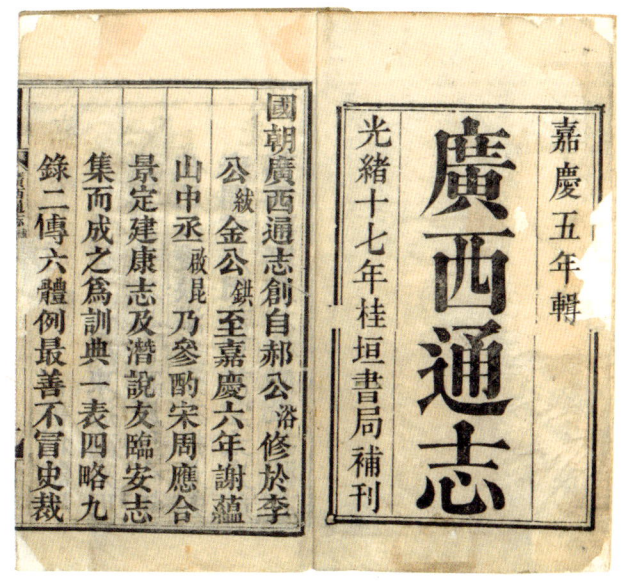

● 谢启昆《[嘉庆]广西通志》,清嘉庆五年(1800)刻同治光绪递修本(广西桂林图书馆藏本)

岑毓英《岑襄勤公奏稿》

岑毓英（1829—1889），字彦卿，号匡国，广西西林县人。秀才出身。咸丰初年，岑毓英受命出任西林县西乡团总，因战功历任知县、知州、知府、云南布政使、云南巡抚、云贵总督。后丁继母之忧，光绪五年（1879）复出，授贵州巡抚，加兵部尚书衔。光绪七年（1881），出任福建巡抚，督办台湾防务。光绪八年（1882），清政府统筹中越边防，岑毓英以福建巡抚署云贵总督（次年实授）负责西线战事。岑毓英一生戎马倥偬，苦心经营中国西南边疆30余年，在中法战争中是清军的主要将领之一，抗击了法国侵略者入侵云南边境，对国家和民族有一定贡献。同治十二年（1873）加太子少保，光绪十五年（1889）晋太子太保，卒后赠太子太傅，谥"襄勤"。

《岑襄勤公奏稿》是岑毓英第五子岑春蓂辑刻的，全书30卷，首卷1卷，总目1卷，光绪二十三年（1897）武昌督粮官署刻本。《奏稿》记载了岑毓英同治元年（1862）至光绪十五年之间所上奏折文书，凡672通，是其从政活动的重要记录：卷一至卷九，为1862—1873年间署理云南布政使（旋实授）、加按察使、任云南巡抚时的奏稿；卷十至卷十三，为1874—1875年间兼署云贵总督时的奏稿；卷十四至卷十六，为1876—1881年间丁继母之忧后复出，任贵州巡抚时的奏稿；卷十七，为1881年调任福建巡抚时赴台湾办理防务时的奏稿；卷十八至卷十九，为1882年署滇督（后实授）时的奏稿；卷二十至卷二十四，为1883—1884

年统兵出关援越抗法时的奏稿；卷二十五至卷三十，为战后回国御边，处理善后，参与滇越勘界的奏稿。

岑毓英一生，亲历了中国近代史上的许多大事，如中法战争等，《岑襄勤公奏稿》记录、反映了这些大事。因此，《奏稿》对研究近代史有重要的参考价值。《奏稿》还反映了清末两广、云贵等地的吏治、军备、战事、民生、生产、税收等情况，同样具有较高的历史研究价值。《奏稿》也是研究岑氏的重要材料，比较全面地反映了岑毓英的军政活动经历，反映了他关于治理地方、整顿行伍、建设边疆、处理边务等军政事务的主张和见解，是人们认识、了解、研究岑氏一生事功及思想、政见等方面的重要材料。

唐景崧《请缨日记》

唐景崧（1841—1903），字维卿，又作薇卿，广西灌阳人。同治四年（1865）进士，选庶吉士。六年（1867），改吏部主事。光绪八年（1882），法国入侵越南，唐景崧上书请缨出征。十年（1884），募兵四营，号"景字营"，出关与刘永福配合作战。十一年（1885），任福建台湾道兼按察使，十七年（1891），迁布政使。二十年（1894），署台湾巡抚。后甲午战败，清政府签订《马关条约》，割让台湾，后隐居桂林。

《请缨日记》是唐景崧记述自己亲历中法战争的著作。叙事起自光绪八年七月，迄十二年九月，即1882年8月至1886年10

月，也就是自作者任吏部主事上书言越事始，至离滇赴任福建台湾道员止。全书十卷，记述了在越南协助刘永福抗击法军及清军守边抗法斗争的事迹，以及中法战后撤回云南参与中越划界事宜的经历。有关中法战争的内容主要集中在前八卷。《请缨日记》编成于光绪十四年（1888），刊印于光绪十九年（1893），时唐景崧任台湾布政使。该书虽以日记为名，但实际上是唐景崧以自己的日记原稿为素材，以日记的体裁形式记载自己在中法战争中的

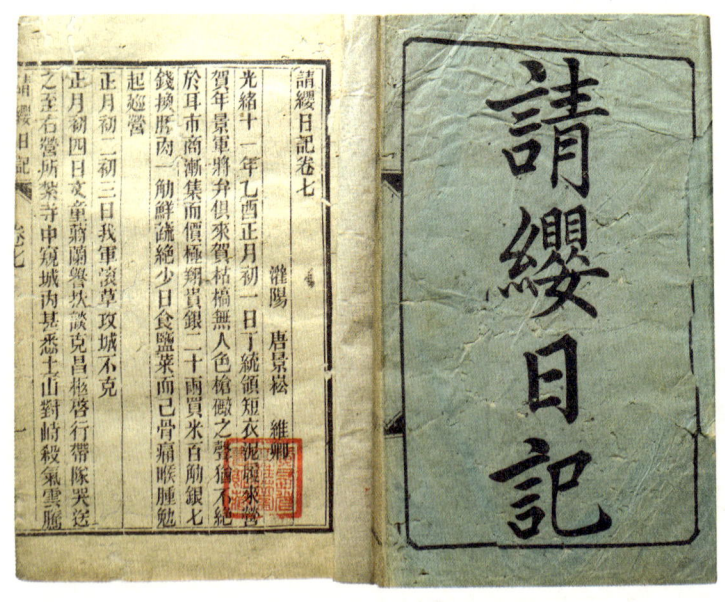

● 唐景崧《请缨日记》，清光绪十九年台湾布政使署刻本（广西桂林图书馆藏本）

经历，也可以说是一部回忆录。

《请缨日记》是人们研究中法战争的重要参考资料。《广西百科全书》称其："资料翔实具体，内幕鲜为人知，是研究中法战争史的重要文献。"不过也有影响其史料价值的不足处，如阿英在《中法战争文学集》中指出"唐著为日记体，史实极其丰富，其缺点在于夸张个人与了解不够全面"。廖宗麟则于《〈请缨日记〉辨误》一文，指出其遗漏、讹误、编造情况。故利用其资料时，需注意考证、辨别。书中有关晚清时期越南政治、经济、军事、文化等情况，以及涉及越南风土人情、地理山川、物产名胜等记载，对研究中越关系、清末越南社会等方面也具有一定的史料价值。

唐景崇《唐书注》

唐景崇（1844—1914），字春卿，广西灌阳人。同治六年（1867）举人，同治十年（1871）进士，选翰林院庶吉士，同治十三年（1874）散馆，授编修。光绪十二年（1886）任会试同考官。历任翰林院侍讲、侍读、侍讲学士、内阁学士。光绪二十年（1894）出任广东乡试正考官，次年任会试副考官，后历任兵部、礼部侍郎。光绪二十四年（1898）署理都察院左都御史，出任浙江学政，次年丁母忧回籍守制。值义和团起事，唐景崇奉命督办广西团练。光绪二十八年（1902）服阕还京，任工部、礼部侍郎，次年出任浙江乡试正考官、江苏学政。光绪三十二年（1906）裁

撤学政，唐景崇回京，任工部、吏部侍郎。其时两广总督岑春煊疏请广西省会移置南宁，唐景崇上疏反对，后清廷采纳其建议，广西省会仍留桂林，而置提督于南宁，以固南疆边防。光绪三十四年（1908）任经筵讲官，宣统元年（1909）任《清德宗实录》副总裁官，次年任学部尚书。宣统三年（1911）任禁烟大臣、学务大臣、国务大臣、弼德院顾问大臣。武昌起义后，袁世凯组阁，唐景崇仍任学务大臣，年底称病而退。民国三年（1914）袁世凯邀唐景崇为参政院参政，唐坚辞不就。又聘为清史馆总纂，未及就任而病逝，谥"文简"。

唐景崇出身于书香门第，在家族的熏陶和其父唐懋功严格的管教下，唐景崇兄弟三人互相勉励，先后中进士，点翰林，创造了"同胞三翰林"的佳话。同治十年（1871）唐景崇中进士后入翰林院继续深造，读书渐多，见闻渐扩，他担心自己"博观泛览"终无所成，故选择"诸史中研究方面多资料，富有诠注之价值，而前人未曾致力"的《新唐书》进行注释。唐景崇有志于注史始于光绪十一年（1885），其后三十年心血倾注于此，可惜直至去世前仍未完稿。遗稿辗转归其外甥余棨昌，余棨昌于民国二十四年（1935）在北平将已完稿的《唐书注》"本纪"部分交由和记印书馆铅印出版，这是唐景崇《唐书注》迄今唯一的正式排印本，止"本纪"十卷四册。

唐景崇参照彭元瑞《五代史记注》而变通其例，借鉴《史记》三家注、《汉书》颜注、《三国志》裴注、《资治通鉴》胡注等史注最精审者的经验和方法，并综合考辨吴缜《新唐书纠缪》、沈炳震《新旧唐书合钞》等书的利弊得失，对《新唐书》进行全面的诠注。其注例有三，即纠缪、补阙、疏解，分别对欧阳修、宋祁的《新唐书》进行谬误纠正、缺漏查补、疑难注解等工作。

唐景崇《唐书注》"卷帙浩繁，造端宏大"，在清代史学尤其是史注领域占有重要地位。该书"综合诸家史注之长，参考搜采之书自正经正史、唐贤专集、历代普通类书、典制学术诸专书、史部考证书，旁及金石、野史、小说，逾数百种"，参考博赡，注释精详，义例严谨，"体大思精，堪与胶西柯劭忞的《新元史》比美"。黄华表《广西文献概述》称："先生是书，不独是原书的功臣，并且是原书的诤友，他的困难，比之裴松之注《三国》，胡三省之注《通鉴》，还要多，但其成就，却要比之裴氏、胡氏更要大。"

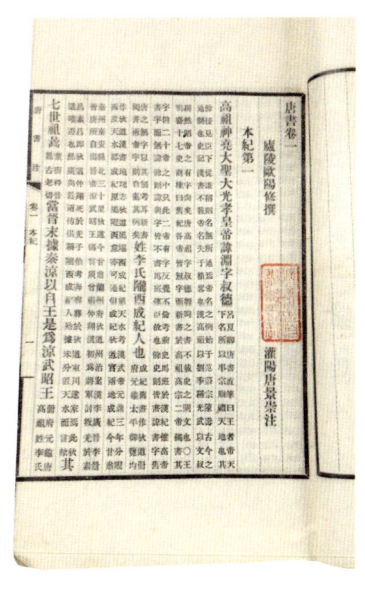

● 唐景崇《唐书注》，民国二十四年（1935）铅印本（广西桂林图书馆藏本）

子部典籍

牟子《理惑论》

牟子（170—？），生活于东汉末年，名不详，苍梧郡人。原为儒生，博览经史诸子，兼及兵法，也读神仙不死之书，但认为虚诞不可信。东汉中平六年（189）灵帝死，天下混乱，带母避乱至交趾。后归苍梧娶妻。郡守闻其博学多才，欲起用他，因其有志于学，无意仕宦，辞不就。其后，又有州牧征辟，亦托病不就。牟子由儒入佛，作《理惑论》，对佛教初传中国后引起的种种议论和疑难，分别给以辩解。

《理惑论》原有单行本，但早已散佚。最早收在陆澄的《法论》中，称为《牟子》。梁天监年间（502—519），僧祐将《理惑论》编入《弘明集》卷一，《理惑论》随着《弘明集》的刊印而广为流传。但《理惑论》一书行世以来，在传播过程中由于种种原因而引得异说纷纭，书名、卷帙、成书时间、作者真伪等都有不同的说法，聚讼不已。

现存传世的《理惑论》全书分三十七章，另有前面的序传和后面的跋文。序传叙述牟子的人生与学术经历及著书缘由。该书采取一问一答的形式，仿照佛教"三十七品"和老子《道经》三十七篇，设三十七对问答，详细论述了佛教最初传入中国时的情景，以及儒、释、道三教之间的关系，涉及后来儒、释、道三教争论的许多问题。内容大体分为三类：一类是侧重介绍释迦牟尼出家、成道、传佛的事迹及佛教教义、戒律、佛经的数量；二类是分析辩解佛教与中国传统伦理道德观念的异同，特别是与儒家思想之间的异同，广引儒、道经典中的观点与事例，论证佛教与儒、道观点的一致之处，以证明佛教教义并不违背中国传统思想观念和伦理道德；三类是批驳长生不死及当时流行的一些神仙术数的荒谬。

牟子《理惑论》是中国佛教早期的名著，周叔迦先生称其为"我国最早综述佛学的著作"，《中国佛教百科全书》称之为"佛教论著之祖"，牟子也成为我国著论弘佛的第一人。该书是中国佛教史、文化史上第一次论述、反映中国传统文化与印度佛教文化相互碰撞、相互融合的情况，是研究佛教传入中国初期历史极具参考价值的重要资料。它开启了印度佛教中国化的进程，为佛

● 牟子《理惑论》，清光绪元年（1875）湖北崇文书局刻《子书百家》本（广西桂林图书馆藏本）

学中国化及其传播做出了卓越的贡献,在中国佛教史上占有重要地位。

周琦《东溪日谈录》

周琦(1441—?),字廷玺,别号东溪,广西马平人。天顺六年(1462)中举后,又隐居林下读书十九年,后于成化十七年(1481)高中进士。官至南京户部员外郎。为人端直谨厚,为官从政敢于批评时弊。曾上《条陈地方利病疏》,提出对广西的治理政策,大胆揭露当时官兵滥杀无辜、激化民族矛盾的情况。潜心治学,开创柳州一代学风。与同郡简弼一起,俱以"道学"知名乡里,是"明代柳州八贤"之一。曾师从理学家阎禹锡,深究理学。而阎受学于明代著名理学大师、河东学派的创始人薛瑄。故周琦学以程朱为本,复性为主。所著有《自斋行要》《史异》《东溪日谈录》等。

《东溪日谈录》为周琦所撰日记体著作,所写多为随感、杂录。凡18卷,分为性道谈、理气谈、祭祀谈、学术谈等13谈。每谈下由数量不同的"条"构成,一条多则数百字,少则十几二十字。周琦潜心理学,"自居乡以至居官垂五十年",非儒不接,非道不谈,惟体验天地万物之性,以会经传之旨,每有心得,辄笔录之,积久成书。于弘治八年(1495)完稿后,并未付刊。以抄本形式流传。后有乡人吕景蒙在理学家湛若水处得抄本一部,于颍州州判任上,精心校勘整理,并于嘉靖十六年(1537)刻印。

清代乾隆年间编纂《四库全书》时,将据刻本录存的抄本收录于子部儒家类中。

今《东溪日谈录》明嘉靖刻本国内仅有不全的一部,存卷一至卷十三,现藏吉林省图书馆。另据《日藏汉籍善本书录》,日本蓬左文库存尾张内库旧藏一部。2012年,柳州市地方志办公室将嘉靖刻本和《四库全书》本两个版本汇集成一册,作为《柳州乡贤著述影印丛刊》之一种,由广西民族出版社出版。

《东溪日谈录》是周琦一生理学研究的结晶,涉及面广,内容丰富,足见作者博学精思。其理学思想大多师承薛瑄而来。其治学,主张躬行深造,以明道淑人为务,提倡向外求知,笃实践履。他将程朱理学视作追求儒家真理目标的手段和工具,指出:"尧、舜、禹、汤、文、武、周公、孔子、孟轲,道之准的也;周、张、程、朱以及北许南吴,造道之羽镞也。不审视其羽镞,安求准的而造之?"他认为,其《日谈录》,"所谈者,审羽镞而求准的也",并不是"别为一家之说"。《四库全书总目提要》称:"其书亦一本濂洛之说,不失醇正。""濂"即周敦颐,"洛"指程颢、程颐,"一本濂洛之说,不失醇正"的评价十分中肯。

黄献《梧冈琴谱》

黄献(1485—1561),字仲贤,号梧冈,广西平乐人。弘治九年(1496),入宫为太监,跟从司礼太监戴义习琴。戴义是"徐门"高徒苏州人张助的弟子。黄献苦学琴艺,自称"朝夕孜孜,

顷刻无息",一直到六十多岁仍"未尝少倦",故尽获其妙,琴艺精湛。当朝礼部尚书陈经称赞说:"求精此业者或寡,独梧冈于琴心与神化,手与音化,有不言而喻之妙,其得琴之三昧者欤!"

嘉靖二十五年(1546),年逾六旬的黄献恐失其秘传,就托司礼王宜轩、刘友琴并在刘静庵等十多位琴友的资助下,将生平所学和徐派门人搜集的传世琴曲编辑成书,以使其广为流传。全谱共录42首琴曲,书前有陈经《梧冈琴谱序》,书后有黄献《琴谱后序》。15年后,杨嘉森又将《梧冈琴谱》增为71曲,改名为《琴谱正传》。

《梧冈琴谱》全书不分卷,谱前有《勾琴总字母》《右手指法》和《左手指法》。《勾琴总字母》所列63个谱字均为早期文字谱,下面注有减字谱谱字,没有关于演奏方法的说明。《右手指法》共收有20个谱字,《左手指法》收有23个谱字,均为减字谱,下面注有简单的演奏方法说明,大部分与《勾琴总字母》所列指法重复。谱内收正调琴曲21首,外调琴曲8首,调意13首,共42首琴曲。

《梧冈琴谱》为研究浙派琴曲提供了重要的史料。其一,它使不少浙派琴曲得以保留。其二,黄献根据徐氏几代门人的不断删订,在不少曲目之下注明原作者或加工情况,对后人的研究颇有参考价值。其三,陈经的序言与黄献本人的后序亦颇有价值。首先,清晰记录了浙派的传承脉络;其次,首次明确提出了"徐门正传"的概念,后人将浙派嫡传均称为"徐门正传"。同时,这部琴谱乃张助亲传,在曲谱及演奏技巧上都极其规范、细腻,明确了浙派与江派的不同，突出了浙派在当时的影响和地位。总之，《梧冈琴谱》使浙派琴曲得以保留，并使浙派琴谱体系得以形成。该谱是现存最早的徐门琴谱，为研究浙派琴曲提供了重要的史料，是一部不可多得的明代古琴谱。

释道济《苦瓜和尚画语录》

释道济（1641—1707），清初著名画家、画学理论家。本姓朱，名若极，字石涛。明藩靖江王后裔，生于桂林王府。顺治二年（1645），其父朱亨嘉在广西自称"监国"，被南明广西巡抚遣将战败并被擒，石涛则被王府臣仆携逃至全州，后入湘山寺为僧，法名原济，亦作元济。后离开广西云游各地。早年多次游览安徽敬

● 释道济《苦瓜和尚画语录》，清光绪八年（1882）岭南芸林仙馆刻《知不足斋丛书》本（广西桂林图书馆藏本）

亭山、黄山。中年住南京，曾在南京、扬州两次面见康熙帝。晚年定居扬州，以卖画为生。石涛人生经历奇特，文化素养深厚，绘画、诗文、书法、篆刻等均有非凡的造诣，尤以绘画最为著称，在清初画坛，与朱耷、髡残、弘仁合称"清四僧"。是明末清初画坛革新派的代表人物。所画山水构图新颖而多变化，景象郁勃新奇，意境宏深，笔情纵恣，具有独特的风格，与当时充斥画苑的"八股山水"形成鲜明对比。亦擅画花果、兰竹及人物。其《苦瓜和尚画语录》及许多题诗画题跋，反映了他的艺术思想，见解精辟，极富创新精神。其艺术创作、艺术理论对扬州画派和近现代中国画的影响极大。

《苦瓜和尚画语录》是石涛论说绘画技法、哲学思想与美学观念的画学论著，阐述了中国山水画的本质、目的与方法。著作体系完整，立论精辟，共分十八章。全书阐述山水画创作与自然的关系、笔墨运用的规律及山川林木等表现方法，有许多独特的见解。如强调画家要面向现实，投身到大自然中去，"搜尽奇峰打草稿"，创造自己的艺术意境。主张"借笔墨写天地而陶泳于我"，主张"借古以开今"，反对"泥古不化"等。石涛这种法古而不泥古、面向自然创作、发自肺腑、见自己面目的绘画宗旨，无疑是对清初拟古画风的批判，对当时盛行的临摹风气和形式主义倾向具有巨大的纠偏作用，对后世绘画理论的发展具有深远的影响。其革新求变的精神，受到美术理论界的高度评价。《中国大百科全书》称："此书以反对拟古，重视发挥画家个性并实现创作自由的强烈主张，对中国 18 世纪，特别是 20 世纪以来的山水画甚至整个中国画产生了重大影响。"但石涛《画语录》的文字古奥,语意晦涩,连陈衡恪先生也认为它有"措辞玄妙,颇难窥其旨趣"的不足。

陈宏谋《五种遗规》

陈宏谋(1696—1771),原名弘谋,后为避乾隆"弘历"讳而改"弘"为"宏",字汝咨,号榕门,广西临桂人。雍正元年(1723)进士,曾任江苏按察使、湖南巡抚、云南布政使等职,官至东阁大学士兼工部尚书。外任30多年,历12省。卒后谥

● 陈宏谋《五种遗规》,清同治七年(1868)刻本(广西桂林图书馆藏本)

"文恭"。其无论是为官还是治学，均堪称一代楷模，一生好学勤学，著述宏富，有《培远堂偶存稿》等数十种，种类之多，数量之大，影响之巨，在清代官员中均为罕见。有"理学名臣""岭表儒宗"之誉。

陈宏谋著作中，以《五种遗规》影响最大。该书是一套有关童蒙教育和社会教育的著作，将前人关于养性、修身、治家、为官、处世、教育等方面的著作、言论及事迹，分门别类加以摘录编辑。这五种著作分别是《养正遗规》《教女遗规》《训俗遗规》《从政遗规》和《在官法戒录》，总称《五种遗规》。各"遗规"成书的时间不同，《养正》初刊于乾隆四年（1739），《从政》《教女》《训俗》分别刊于乾隆七年（1742）七月、九月、十月，《在官法戒录》则刊于乾隆八年（1743）四月。合刻本《五种遗规》亦始于乾隆八年，为南昌府学教授李安民集校本，此后合刻本《五种遗规》被反复刊印，版本众多。各"遗规"单行本也不少，以单本形式收入各类丛书的也有很多。

《养正遗规》，是陈宏谋辑录历代名贤关于儿童启蒙教育的论述摘编，书名取"蒙以养正"之意。陈宏谋把它作为自己的子侄后生启蒙读书的教材，同时也希望它能够"流布乡塾"，供家长、教师教授子弟之用。初刻时为二卷，后又续刻补编一卷。《教女遗规》，辑录历代有关女子教育的论述，其中多为表彰烈女贞妇、宣扬闺范母训等内容，供教育女孩之用。《训俗遗规》，系陈宏谋任江苏按察使时，有感于狱讼繁多，故择录古今有关社会风俗、社会教育的论述编辑而成，本意在化俗警世，也有"化导于讼之未起"的目的。《从政遗规》，选辑历代有关为官从政的箴规和一些表率人物的言行，以供居官从政者之用。《在官法戒录》，主要是为在官府衙门任职的胥吏编写的，采辑历代书传所载的良吏善行和恶吏劣迹种种，加以指评论判，目的是让胥吏见善者效法，见恶者引以自戒。

陈宏谋以清乾隆间第一流政治家、理学家、教育家的身份辑纂的《五种遗规》是一套面向社会大众的伦理教育读物，它概括了当时社会的伦理道德规范，包含了养性、修身、治家、为官、处世、教育等诸多方面极为丰富的内容。该书问世以后，曾一再刊刻，大量印行，广为流布，尤其在当时封建士大夫之家广为传习。例如，曾国藩就特别推崇此书，《曾国藩家书》中多次记录了他督导家人读"遗规"、遵"遗规"，其中道光二十七年（1847）七月十八日家书写道："家中《五种遗规》，四弟须日日看之，句句学之。"《五种遗规》对清代社会教育产生了深远的影响，至清末，它被指定为学堂修身科教材。到了民国，《五种遗规》也被定为官员从政的必读书。民国间，广西名士李任仁曾评述："陈著《五种遗规》《大学衍义辑要》等书，几乎支配了自乾隆以来的二百年间一般家庭及服官人员的思想。"

苏时学《墨子刊误》

苏时学（1814—1874），清代诗人，学者，字斅元，别字莲裳，号爻山，亦号琴舫。广西藤县人。道光二十六年（1846）举

人。一生以读书、吟咏、游历、著述自娱。与郑献甫、王拯、龙启瑞友善。曾主讲藤州书院。其家有藏书楼名宝墨楼,藏书甚丰。手不释卷,学识广博,著有《墨子刊误》《爻山笔话》等。

《墨子刊误》二卷,是苏时学研究墨学的著作,是他对先秦诸子中的重要著作《墨子》一书的校注。《墨子》一书,两千多年来,经过辗转传抄,出现很多颠倒错乱之处,以致语义相互抵触,不能变通。至清代中叶乾嘉之世,考据学、诸子学研究兴盛,墨学研究也逐渐复苏。《墨子》文字深奥,尤其是"备城门五十二"以下诸篇,文字多误、衍、脱、窜之处,往往不易句读。苏时学在这方面进行校正讹字,改正错简,解决疑难要点,理顺文章句法,其中以"备城门"以下诸篇尤为详细。

《墨子刊误》以考据纠正《墨子》中错简、误字为旨,多有心得。光绪年间,著名学者孙诒让著《墨子间诂》,多征引苏氏之说,并对《墨子刊误》多有肯定、推评,其《墨子间诂序》云:"墨子既不合于儒术……汉晋以降,其学几绝,而书仅存。然治之者殊少,故脱误尤不可校。而古字古言,转多沿袭未改,非精究形声通假之原,无由通其读也。旧有孟胜、乐台注,今久不传。近代镇洋毕尚书沅,始为之注。藤县苏孝廉时学,复刊其误,创通涂经,多所是正。"《墨子刊误》得孙氏推评征引,由是在学术界名声大噪。

但《墨子刊误》对最难懂的《墨经》没有进行疏解,是其最大的不足和缺憾。孙诒让在给梁启超的信中说:"《经》《经说》上下,及大小《取》六篇,文义既苦奥衍,章句又复褫贸,昔贤率以不可读置之。尐山《刊误》,致力甚勤,而于此六篇,竟不著一字。专门之学,尚复为是,何论其他?"此外,由于所据版本不善等原因,致使《墨子刊误》也存在不少校勘上的疏漏失误之处。

尽管如此,《墨子刊误》仍称得上一部功力深厚的学术著作,苏时学亦堪称为广西学术生色增辉的墨学大家。民国时广西名士李任仁称:"(广西)墨子学,在咸同间有苏时学,近代则有张其锽。苏著《墨子刊误》,近世墨学巨子孙诒让著《墨子间诂》,所采录六家之书,苏氏即是其中之一。张其锽著《墨经通解》,梁启超亦为拜倒。广西之治是学者,堪与江浙学人鼎足而三。"

集部典籍

曹邺《曹祠部集》

曹邺(816—?),字邺之,唐末桂州(今广西桂林)阳朔人,生卒年不详。出身寒微,屡举不第,郁结难平,作"四怨三愁五情"诗,为中书舍人韦悫所赏识,推荐于礼部侍郎裴休,大中四年(850)中进士。咸通初年,由天平节度推官迁太常博士,历官祠部郎中、洋州刺史、吏部郎中。后辞官南归,终老于桂林。

曹邺是晚唐时期广西著名的诗人,在晚唐诗坛上占有一席之地,后世多家唐诗选本都收有他的诗作。曹邺的诗集,《新唐书·艺文志》及《通志·艺文略》等著录《曹邺诗》三卷,现传

曹邺诗集多为二卷本，较为易见的有四库本《曹祠部集》二卷，《全唐诗》收曹邺诗二卷。

曹邺的诗作现存一百余首，内容涵盖应举、仕宦、婚恋、战乱、咏史等诸多方面。《四库全书总目提要》称其"多怨老嗟卑之作"，这与曹邺的人生经历和当时的社会背景相关。他出身贫寒，早年在家有过因生计而举步维艰的经历，在应举路上也屡次遭遇挫折。走上仕途之后，他在地方和朝中担任过多种职务，在天平节度推官任上查办过贪官污吏，在太常博士任上先后劾奏过两名宰相悖节赠谥之事，刚正不阿。但是他在担任吏部郎中的要职后不久就辞官回乡，归隐终老。曹邺的人生轨迹紧紧沿着科考、仕宦和归隐的道路，"坎壈不遇，晚乃成名，故一生寄托，不出此意"。

曹邺除了有不少记叙自己坎坷遭遇和心路历程的应举诗、隐逸诗之外，也有许多带有强烈现实主义色彩的讽喻诗，深刻反映了晚唐时期社会现实的阴暗，政治黑暗、官吏贪腐、兵将黩武、劳役繁苛、民生凋敝，等等，都有涉及。例如《筑城三首》反映了贫苦大众遭受繁重的劳役压迫，《战城南》揭示了战乱之苦，《官仓鼠》谴责了官吏的贪婪无耻。这些诗作表达出诗人对乱世昏暗的不满和对劳苦大众的同情，诗人深沉的忧国忧民情怀溢于言表。

曹邺以古风诗闻名，他的诗集亦曾以"曹邺古风诗"之名行世。在晚唐诗坛整体衰败的背景下，以曹邺为代表的一群诗人"能返棹下流，更唱喑俗"，极力撑持，力挽"嘲云戏月，刻翠粘

- 曹邺《曹邺诗集》，清光绪二十一年（1895）元和江氏刻《唐人五十家小集》本（广西桂林图书馆藏本）

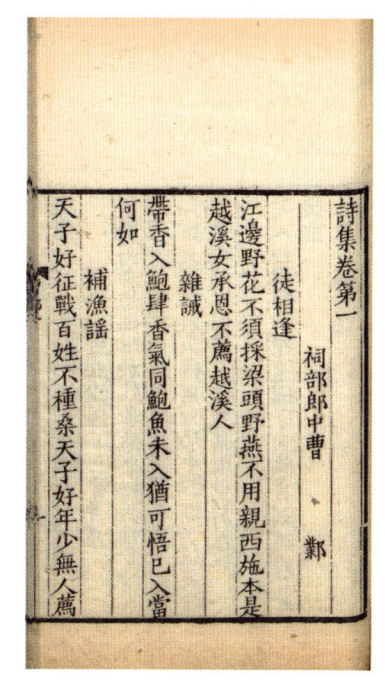

红"的浮艳颓靡之风，实属难得。曹邺继承了杜甫、白居易以来讽喻、批判现实的诗歌创作传统，成为晚唐现实主义诗歌流派的重要代表之一。明蒋冕《曹祠部集序》称："其诗格调高古，意深语健。"鉴于自身的坎坷遭遇和黑暗的社会现实，曹邺的诗作中交织着慷慨哀怨、激愤感伤的复杂情绪，余博贺《论曹邺的诗》称："曹邺的诗，最显著的艺术特点是哀婉中透露出激愤，冷嘲中显露出锋芒。"这一评价无疑是较为贴切的。

曹唐《曹唐诗》

曹唐，生卒年不详，字尧宾，唐末桂州（今广西桂林）人。

初为道士,后还俗举进士,咸通年间累迁为诸府从事,后暴病卒于家。

曹唐是唐朝末年广西著名的诗人,在晚唐诗坛上也占有一席之地。后世诸家唐诗选本多收有曹唐的诗作,闻一多《唐诗大系》收曹唐诗22首,在晚唐诗人中入选诗作的数量仅次于杜牧(30首)、李商隐(24首),甚至比温庭筠(19首)还多,可见其地位的重要。现传曹唐诗集多为一卷本,较为易见的有四库本《曹唐诗》一卷(附于曹邺《曹祠部集》后),《全唐诗》收曹唐诗析为二卷。

曹唐与罗隐、李远、杜牧等诗人名士交游酬唱,才情缥缈,志气激昂,但仕途坎坷,颇自抑郁,故常吟咏自况。曹唐诗现存近170首,其中游仙诗就有120余首。曹唐生平喜好游览名山大川,寻仙问道,其游仙诗多以汉武、王母、仙女、真人等仙道故事入诗,词采清丽,想象新奇,在唐诗中别具一格。曹唐是继东晋郭璞之后以游仙诗著称于世的诗人,在我国游仙诗史上占有重要地位,对后世产生了较为深远的影响。

曹唐《大游仙诗》皆为七言律诗,现仅存20余首。《大游仙诗》"取若干仙道故事,分题咏之,每事数章,各为首尾",借仙道传说,抒写人间悲欢离合。《小游仙诗》皆为七言绝句,南宋洪迈《万首唐人绝句》几乎将其全部收入,因而得以较为完整的流传下来,现存99首。《小游仙诗》"都没有题目,也不是赋咏某一故事。内容是写仙女的生活或思想感情,有些诗很近似闺情式宫词。这是以一百首诗为一组的杂咏体诗",大多潇洒超脱,闲适恬淡，蕴藉含蓄，具有很高的艺术特色。程千帆《古诗考索》称："《大、小游仙》所写景物情况固极虚无、缥缈、灵异、芳菲之致，而诸凡君臣、朝廷、夫妇、友朋、尊卑、贵贱之序，车骑、服饰、宫室、饮食、婚媾、游燕之事，悲欢、离合、死生、得丧、爱恋、愁恨之怀，虽云天上，不异人间。"

曹唐的诗作除了上述游仙诗之外，还有数十首其他题材的诗歌，如抒发怀才不遇的怨刺诗《病马》、写景抒怀的状物诗《南游》、表露积极用世的赠别诗《送康祭酒赴轮台》，等等。这些诗虽然在现存曹唐诗集中所占比例不大，却集中反映了诗人怀才不遇、忧国爱民的真实情感，后世对其评价亦高。

释契嵩《镡津文集》

释契嵩（1007—1072），宋代高僧，俗姓李，字仲灵，自号潜子。藤州镡津（今广西藤县）人。七岁出家，十三岁剃度，十四岁受具足戒，法号"契嵩"。天圣四年（1026），十九岁开始游方参学。后于筠州（今江西高安）洞山寺晓聪禅师门下得法。宝元元年（1038）春，至杭州灵隐寺永安精舍，习禅著书。庆历年间（1041—1048），包括欧阳修在内的士人极力提倡古文运动，强调儒教的正统地位，强烈排斥佛教，使得佛教的处境十分艰难。面对这种状况，契嵩创作了一系列的护法文章，作《原教》《孝论》十余篇，力陈佛教的"五戒"与儒家的"五常"义理相通，驳排佛之论。后又将《原教》《孝论》等编为一书，名《辅教编》。

皇祐年间（1049—1053），鉴于禅门传法世系众说不一，契嵩撰成《传法正宗定祖图》《传法正宗记》《传法正宗论》，综述禅教宗派源流，宣扬禅宗的正统地位。观察使李端愿将其书上奏朝廷，钦赐紫方袍。嘉祐四年（1059），契嵩又携书到京师开封，通过府尹王素将书献于宋仁宗，次年，钦赐"明教大师"之号。后辞返杭州，应杭州知府蔡襄之请，驻锡余杭之佛日山。宋神宗熙宁五年（1072）圆寂。

契嵩一生，著述繁富。"所著书自《定祖图》而下，谓之《嘉祐集》，又有《治平集》，凡百余卷，总六十余万言"。契嵩圆寂后，释怀悟尽力搜求二十余年，"才得三十有余万言"，于绍兴四年（1134），将其所得《辅教编》《嘉祐集》《非韩文》编为十八卷，又辑古律及山游唱和诗共142首编为二卷，总成二十卷，题名《镡津文集》。怀悟辑录成书后，历代沙门屡为之锓板，流传甚广。万历初年，《镡津文集》还被编入《大藏经》。

《镡津文集》汇集了契嵩见存的论、书、启、状、叙、志、记、铭、碑、赞、传、评、诗及杂著等，含蕴宽泛，资料丰富。他在许多方面都直接吸取了儒家的思想，主张儒释殊途同归、相资共存。钱穆评论说："契嵩实不仅援儒卫佛而已。彼以七岁即出家为僧。其于儒学，实亦有窥。较之同时如欧阳修、李觏之专业儒学者，或反不如契嵩之儒释兼参，而别有深入。"

契嵩作为一代高僧，著书立说，对佛教的传播产生了深远的影响，其著作在佛教经典中也占有很高的地位。契嵩同时也是一代文僧，其文以议论见长。论事说理，臧否抑扬；记事写人，裁

释契嵩《镡津文集》，清光绪二十八年（1902）扬州藏经院刻本（广西桂林图书馆藏本）

剪精审；抒情咏怀，寄寓遥深。契嵩的古文作品代表了北宋僧人古文创作的最高成就，是堪与"三苏"等宋代古文大家比肩的"文雄"。《镡津文集》是研究契嵩佛教思想的主要文献，对研究宋代学术（佛学、文学）思想、社会状况等方面也具有重要参考价值。郭绍虞《中国文学批评史》称："其论文主张，非特可以代表释家一派，抑且可以影响到后来的古文家与道学家各方面。"钱穆也说："《镡津》一集，亦可征人心世道之变，学术思想之转向。"

吴廷举《东湖集》

吴廷举，字献臣，号东湖。广西梧州人。成化二十三年（1487）进士。初授广东顺德知县，后历四川成都府同知、广东

按察佥事、江西右参政、工部右侍郎、兵部右侍郎、右都御史等职,官至南京工部尚书。为官清廉刚直,不畏权奸。正德四年(1509)曾因揭发太监潘忠罪状,反遭诬陷,被贬下狱受刑并流放。生平服膺薛瑄、胡居仁的学问,曾辑有《薛子粹言》《胡子粹言》。晚年致仕归乡后,曾创建东湖书院,人称"东湖先生"。去世后40年,追赠太子少保,谥"清惠"。

《东湖集》是吴廷举的诗文合集,今存有两种清刻本:其一为道光二十二年(1842)苍梧黎氏刻本;其二为光绪元年(1875)苍梧义学重刊本。两种版本皆为五卷,其中奏疏三卷、吟稿二卷。奏疏收录吴廷举成化二十三年(1487)至嘉靖四年(1525)间的疏稿近30篇,"吟稿"收录其诗作320余题420余首。奏疏里面,《集群议以定大礼疏》一篇事关嘉靖初"大礼议",另有《恳乞天恩放罢老病疏》《谢恩疏》二疏可考吴氏生平仕宦。

诗稿里面,有赠别应和、写景述怀等诗作,既有英爽俊逸、绮丽雄放之篇,亦有沉着凝重、激愤悲苦之章。其诗无论是写情、写景或叙事,多喜直接描写,或直抒胸臆,语言朴实,明白如话。其诗或略含蓄不足,但情感真挚溢于言表。王德明《广西古代诗词史》评论他的诗歌作品:"艺术上都不能说有多高的技巧,语言也非常朴实,但感情充沛,真挚动人,体现了诗歌创作的真谛。"

明代广西诗人中,吴廷举与蒋冕、戴钦、张翀四人,诗文著作收入《四库全书》的存目,《四库全书总目提要》对他们的评价均不高。尽管如此,吴廷举仍称得上明朝中叶广西著名学者、文人，其才学诗文，得到王守仁、湛若水等大家的推崇。并且，明代广西人的著作，留存至今的不多，保存相对完整的吴廷举的《东湖集》，对研究吴廷举本人乃至明代历史等方面都具有重要的参考价值。

蒋冕《湘皋集》

蒋冕（1462—1532），字敬之，号敬所，又号湘皋，广西全州人。成化十三年（1477）乡试解元，二十三年（1487）举进士。正德初年任吏部左侍郎，正德九年（1514）升礼部尚书。十一年（1516），被选为内阁宰辅，兼文渊阁大学士，加太子太傅。十二年（1517），改武英殿大学士，兼礼部尚书，加少傅兼太子太傅、户部尚书、谨身殿大学士。嘉靖三年（1524），接任首辅一职，仅两多月，因在"大礼议"上仍与皇帝意见相左，致仕返乡。三年后又被剥夺职衔。十一年（1532）去世。明穆宗隆庆初年，朝廷敕令为其复官，谥"文定"。《明史》称："冕当正德之季，主昏政乱，持正不挠，有匡弼功。"明武宗死后，蒋冕与杨廷和拥世宗登基，协助杨廷和等诛杀佞臣江彬，遣散或裁减锦衣卫、内监、杂役、宫女十余万人，免漕粮50万担，废除多种弊政，稳定了政局，开创了嘉靖新政。

蒋冕晚年解职在家时，曾亲自编订自己的诗文稿，名《湘皋集》。后将书稿交付临桂张子阳刻印，但不久蒋冕、张子阳相继去世，《湘皋集》书稿于是散佚。嘉靖二十九年（1550），王宗沐

任广西学政,着意收集地方文献,因仰慕蒋冕"以文学历事三朝,始终全名,为世所称道",于是他尽心搜集蒋冕遗稿,于嘉靖三十三年(1554)刻成《湘皋集》三十三卷,依次有奏对四卷、奏疏三卷、附录召对及经筵讲章敕谕等稿一卷、诗八卷、词一卷,序、记等杂文十六卷。《湘皋集》另有嘉庆二十一年(1816)刻本,系全州俞廷举重编,全书四十卷,卷一至卷三十二为文集,卷三十三至卷四十为诗集,此本流传较广。

蒋冕一生的成就、贡献,主要在政治方面,诗文并非其长,故其诗文成就在当时及其后并不十分突出。尽管如此,他仍称得上是明代广西文学的代表作家之一,有其特色,不乏佳作。汪森《粤西诗载》收录蒋冕诗37首,词5阕,是广西文人中最多的一个。《三管英灵集》收录蒋冕诗作达63首。张鹏展《峤西诗钞》与况周颐《粤西词见》中,蒋冕均列首位,可见得人重视与肯定。

再者,蒋冕是被史书赞誉的"理学名臣",世人景仰,称为"蒋全州",其学问勋业等,也反映在诗文著述中。如他的《广西通志·序》,比较全面系统地阐述了他的方志理论和观点,有精辟独到之处,为人所重,雷坚《广西方志编纂史》称该文"在明代方志理论研究尚未系统成熟的情况下达到了很高的水准","蒋冕是广西首位全面阐述方志理论的学者,在广西方志编纂史上居有重要地位"。故而,蒋冕虽不以诗文名世,但其诗文却是人们了解其思想、政见、学识以及一生事功等方面的重要材料。

《湘皋集》对于明代历史研究和广西地方历史文化研究而言,也具有重要价值。因其特殊的任职经历,蒋冕的诗文多与正德、

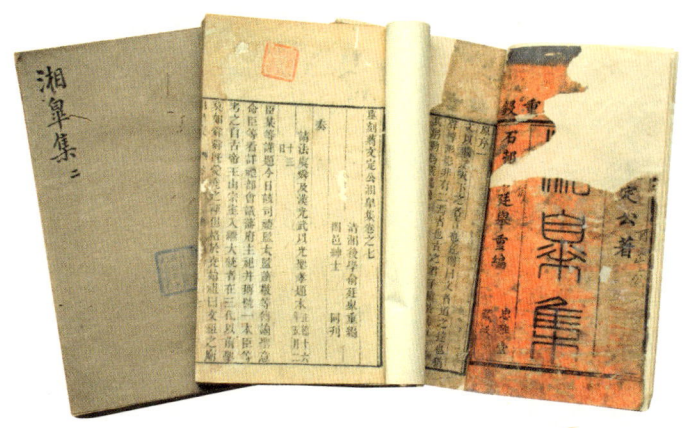

● 蒋冕《湘皋集》,清嘉庆二十一年(1816)刻本(广西桂林图书馆藏本)

嘉靖两朝的政治密切相关,尤其是占全书篇幅近三分之一的各种诏令、奏议等,对当时的许多重要历史事件多有所涉及,故可资考史;书中涉及桂林贡院、桂林靖江王府、家乡地理沿革、蒋氏世系等诗文,对研究广西地方历史也有较高的参考价值。

戴钦《玉溪存稿》《鹿原集》

戴钦(1493—1526),字时亮,号鹿原,又号玉溪子,广西马平人。正德五年(1510)乡试解元,正德九年(1514)进士。历官刑部主事、陕西司员外郎、云南司郎中。嘉靖三年(1524)因反对世宗追尊其父为"皇考恭穆献皇帝",遭廷杖。嘉靖五年(1526)推升江西提学佥事,未任而卒于京师。

戴钦一生宦迹未显，主要成就在于诗文。少时即有文名，登进士第后，与何景明、李濂、薛蕙等人以诗文互相切磋，诗艺更进。李文凤《月山丛谈》记载："柳州戴钦，字时亮。少聪颖绝人，读书过目辄成诵。为时文，下笔数千言，皆不经人道语。""既中乡试，乃为诗即有佳句，远近传诵。登第后，益有名，人咸仰之。"戴钦与佘勉学、佘立、徐养正、张翀、孙克恕、龙文光、周琦8人，被后人称为"柳州八贤"，戴钦居首位。戴钦的著作，今有《玉溪存稿》《鹿原集》存世。

《玉溪存稿》，初刻为嘉靖三十四年（1555），为乡人佘勉学在福建按察使任上所刊，已不见存，今有民国间黄华表《广西丛书》重刊本，仅见存于广西桂林图书馆，收文5篇、赋3篇、各体诗251首。明抄本《鹿原集》，今藏中国国家图书馆，该本未标明卷帙，而依诗文体裁，分赋、乐府、五言古诗、七言古诗、五言律、五言排律、七言律、五言绝、七言绝及"玄鹜子问答"一文，共十类，每类各自起始，《鹿原集》收集了戴钦各类体裁的作品，其中文1篇、赋3篇、各体诗394首。

戴钦诗文，最显著的特点是仿古。《四库全书总目提要》称其"所作颇刻意摹古，然不越北地之余派"，"北地"指李梦阳，弘治、正德时期，以李梦阳、何景明为首的"前七子"文学复古运动兴起。戴钦之诗文之所以多有复古倾向，即与当时的文坛风气以及他的交往有关。戴钦诗文的另一个特点是多样化的艺术风格，不同的体裁有不同的风格，同一体裁中又因题材的不同而面貌各异，如乐府诗中的《履霜操》《思归引》《明妃怨》等就多具

● 戴钦《玉溪存稿》，民国刻本
（广西桂林图书馆藏本）

哀婉情调，《塞上曲二首》等一些作品则写得慷慨激昂，气势雄壮。其诗文表达的内容也极为丰富，呈现多样化的特点，有表达建功立业思想的，有描述宫廷生活的，更有表达他忧国忧民思想、反映社会现实的诗文，如《迎驾歌》感慨明武宗的荒淫误国。

张翀《鹤楼集》

张翀（1525—1579），字子仪，号鹤楼，广西马平人。嘉靖三十二年（1553）进士，授刑部云南司主事。嘉靖三十七年（1558），与吴时来、董传策上疏弹劾严嵩父子误国擅权，得罪下狱，遭廷杖，谪戍贵州都匀，历时九年。穆宗嗣位，复官，历迁至右佥都御史，巡抚南赣汀韶，后改巡抚湖广，升兵部右侍郎。万历二年（1574），授总督漕运，兼右佥都御史，巡抚凤阳。万

历四年（1576），召为刑部右侍郎。万历七年（1579），卒于家。后追赠兵部尚书，赐谥"忠简"。张翀气节才猷，均为世人所重，对柳州、贵州两地文化影响深远，是明代"柳州八贤"之一，与王守仁、邹元标并称贵州"三迁客"。

《鹤楼集》是张翀的诗文集，但该书流传未广，《明史·艺文志》未著录，存世藏本也极为罕见，自明末刊行以来，数百年孤踪秘迹，学者往往以佚籍目之。根据各公私书目的记载，国内很可能已无《鹤楼集》原本的收藏，仅有孤本一部藏日本内阁文库。今存《鹤楼集》十四卷为明隆庆刊本，其全部诗文，以类分卷，依次是：论说一卷，赋、送行序、书序一卷，记、行状、杂说一卷，疏、铭、吊文、祭文、跋及柬等一卷，五言律诗一卷，七言律诗一卷，乐府、五言古诗、七言古诗等一卷，七言绝句一卷，五言绝句一卷，寄赠附录一卷，《虔台疏集》两卷，《虔台公移》两卷。

张翀的诗文作品，大率直舒胸臆，王元春则称其"皆浑然天成，不事雕琢"。《鹤楼集》为研究张翀生平事迹及其思想，提供了丰富的史料以及重要的佐证和依据，对研究当时政治、军事、文化以及张翀所历南赣等地方的历史有重要参考价值。

《鹤楼集》中卷一的18篇论说，有析出本《浑然子》，流传较广，并为人推重。清人周中孚《郑堂读书记》称："是书仿刘伯温《郁离子》体，自成一子，凡十八篇，各为标目。皆反复引证，以推阐事理之所当然。其议论虽不及伯温之正大，而汪洋恣肆则过之矣。"

总之,张翀虽非专以诗文名世,但文以人重,其流传绝罕、数百年久不为外间所见的《鹤楼集》,非寻常文献可比,尤宜珍视。

谢良琦《醉白堂诗文集》

谢良琦(1624—约1671),字仲韩,一字献庵,号石臞,人称醉白堂先生,广西全州人。出身书香之家,崇祯十五年(1642)举人。明清鼎革之际,乃居家致力于诗古文辞。清朝初年历任淳安令、蠡县令、常州通判、宜兴令、延平州通判。因触怒权贵,又被知州慕容氏诬以"贪墨"下狱,后因慕容氏调离,才得出狱。此后避居城北,狂饮悲歌,以"湘中酒人"自称,读书著文以自娱。之后再次复官,但认为自己终究不适合此道,于是罢官归家。罢官后家境凄惨,在归里后的次年,在穷愁落魄中去世。

谢良琦一生才高气傲,雅不合群,个性率直张扬。清初文坛领袖王士禛称他"自负其才,不可一世"。谢良琦本人也意识到自己的不合时宜,与当时官场的格格不入,在《与贾二安书》中曾说:"天下方务为苟且,仆以其实;天下方务为逢迎,仆以其真;天下方务为诡遇,仆以其拙。"对于诗文创作,他不屑于时人的规摹、剽窃,与清初很多有真才实学的文人为友,除了他最为推崇的王士禛外,还有冯纳生、董文友、龚介眉、李研斋等,因为他认为这些人"其诗皆能本性情,而不为其规摹剽窃之陋。"

谢良琦的著作,最早由其孙谢泓曾辑刻于康熙年间,因财资不足,只得先刻诗词部分,为《醉白堂诗集》。后刻的《醉白堂

文集》与《续文集》不分卷，按书、记、序、论、传、杂著等编列。1943年，广西省政府整理编印乡贤遗著，以谢氏族人所藏原刻本为底本，刊印《醉白堂诗集》九卷及《醉白堂文集》四卷，合称《谢石臞先生遗集》，为"广西乡贤遗著乙编第一种"，该本文集重加厘定，以类相从，订为四卷，不再分为正集、续集。

谢良琦在文学上以古文名重一时。其文章继承前人"文以载道"的传统，或针砭时弊，或褒贬人物，往往直言不讳，且气势逼人。清末王鹏运指出：长期以来，世人只知粤西有"五大家"承袭桐城派衣钵，创岭西古文派，而不知其前早已有谢良琦开其先河。王鹏运评论谢良琦的古文说："其文师法司马公、韩愈氏，而汪洋恣肆，凡所至所学，抑郁而不得见诸施为者，一于文焉发之，而不以摹拟、剽窃为能事。"王鹏运的观点和评价，准确地概括了谢良琦的古文特色及其在清代广西古文史上的地位。

谢良琦还是清代广西诗坛、词坛的先行者。其诗独抒性情，不存门户，入古而能出古。他的一些诗真实地反映了清军围剿南明给广西乃至全国所造成的破坏，以及诗人由此产生的感伤情绪。他的山川风物诗，饶有唐人韵致，既有李白那样的清新俊逸，又有杜甫那样的沉郁苍凉。他的词作也为时人称许，杨廷鉴誉其为"海内词坛领袖"。他的词从数量上说，在广西可谓前无古人，从艺术成就来看，也是超迈前代的。王德明《广西古代诗词史》称："谢良琦诗文声名远播海内，其词造诣也较深，应当说是嘉庆以前广西词人中成就最高的。"

总之，谢良琦堪称清初文坛大家，其诗文成就，得时人与后人极高的评价。其诗文作品,成为研究清初广西文学史、文学理论的重要资料。特别是当中他关于诗、文、词创作的主张、论述,尤为当今研究广西古代文学的学者所重。

汪森《粤西通载》

汪森(1653—1726),字晋贤,号碧巢,原籍安徽休阳(今安徽休宁),徙居浙江桐乡县。康熙十一年(1672)授恩贡,历官广西桂林府、太平府通判,终户部郎中。先后有碧巢、小方壶、裘杼楼、梅雪堂等堂号。好藏书,工诗词,有文名。著作颇丰,有《小方壶存稿》《月河词》《桐扣词》《碧巢词》,辑有《粤西诗载》《粤西文载》《粤西丛载》,又与朱彝尊同辑《词综》等。

《粤西通载》又称《粤西三载》,是《粤西诗载》《粤西文载》《粤西丛载》的合称。该书是汪森耗费十余年之功辑成的,康熙三十二年(1693)汪森出任桂林通判,公余之暇,寻访古迹碑碣,搜集府县志书及文献典籍,"凡系粤西之事,形之诗与文者,抄撮成一编",还翻阅自己携带的藏书,凡属有关广西的诗文,都抄录下来。后调任太平府通判,购书愈难,仍从事搜集。康熙四十一年(1702),因母逝回乡,杜门不出,潜心搜集、整理历代有关广西的文献。翻阅家中藏书,并得江苏常熟毛氏汲古阁所藏各省志书,粤西之志大体齐备,又得老友朱彝尊之助。前后"搜阅历代史及诸家文集并类书小说,不下二千余种"。经校勘汇编,至康熙四十三年(1704),《粤西诗载》编成并付印,第二年

《文载》《丛载》编成并付印。

《粤西诗载》是一部历代广西诗词总集。按四言、五言、七言古诗,五言、七言律诗,五言、七言排律,五言、六言、七言绝句和词分类分卷。在每种体裁中,又按作者时代的先后序列。作者自汉至明末,尤以宋、明诗人为多。自秦汉至明末,历代作者有关广西的诗词,基本上收录在内,蔚为大观。诗歌内容反映广西的山川、名胜、气候、物产、政治、军事、经济、文化、民族、社会、风俗等。故而《粤西诗载》既是一部古典文学作品集,也是一部广西历史资料汇编。

《粤西文载》为历代广西文章汇编。收录上始于秦汉,下至明末。分类列卷编排,按文体依次分为赋、制敕、奏表、奏状、奏疏、表、志、记、碑文、序、书、启、议、论、考、说、辨、解、题跋、赞、颂、铭、露布、檄、谍、谕、移文、青词、上梁文、杂著、小传、墓志铭、登文等,凡33大类。全书广泛搜集诸文体中反映历代广西政治、经济、军事、文化、民族等各方面的材料,特别是其中有些内容可补史书、志书之所缺,因此成为研究广西地方史、民族史的必备参考书。

《粤西丛载》是一部杂史著作合集,是历代广西地区资料汇编。汪森自序称,"《文载》只录其大者,至纤小诸类,有不获人文者,更辑《丛载》",即《丛载》收录《诗载》《文载》的未尽之文。全书辑录秦汉至明末历代关于广西的资料,涉及山川地理、气候物产、金石文物、民族风俗、土司制度、历史人物、遗闻杂事等内容,计30卷。所辑资料均详注出处,或在题目下,或在每则后，颇便检索。征引资料繁富，多为地方史志与有关广西的杂著。其内容虽颇近冗碎，但遗文轶事，有益见闻，并可供考证。

世变沧桑，汪氏编纂"三载"时所据典籍，今有不少已失传，故广西文献赖《粤西通载》而存者实多。《通载》传至今日，已被视为重要的地方历史文献，而非单纯的文学文献。

谢济世《梅庄杂著》

谢济世（1689—1756），字石霖，号梅庄，广西全州人。康熙四十七年（1708）乡试解元，五十一年（1712）进士，选庶吉士，授检讨。雍正四年（1726），夺官下狱，刑部判斩刑，雍正帝改判充军新疆阿尔泰。在新疆九年，因注释《大学》以汉学为本，而被人弹劾有意"毁谤"朝廷所推崇的宋代朱熹《四书集注》和程颐的《格致传》，再次下狱。乾隆帝即位后，被召还京师，复补江南道御史。乾隆三年（1738），改任湖南粮储道，在湘六年又三次被参劾。后致仕归乡，家居十二年，病卒。

谢济世一生戆直刚正，屡经劫难，历尽坎坷，折而愈刚，赢得当时和后世的敬重。谢济世勤于著述且能独抒己见，"为学术界思想解放之急先锋"，对儒家思想有自己独特的见解，并不完全赞同程朱学说，他反对朱熹关于人欲是一切罪恶根源的观点，并深刻指出"儒多伪而少真"，公开抨击宋儒理学。谢济世诗文俱佳，尤擅古文，与其叔祖谢良琦同以诗文名于乡里，有"二谢"之誉。谢济世著作有《大学注》《易在》等多种，但生平著作多散失不传,现见存者只有《梅庄杂著》等。

《梅庄杂著》是后人辑录的谢济世著作,版本较多。清刻本有道光五年(1825)刻本、同治十一年(1872)刻本等多种,各种版本所题书名及所收录著述种数、卷数与编排次序不尽相同。同治刻本《梅庄杂著》收录八种十二卷,分别是《以学集》四卷、《史评》一卷、《纂言》内篇一卷、《纂言》外篇二卷、《西北域记》一卷、《居业集》一卷、《一斋集》一卷、《离骚解》一卷。

谢济世为文,直抒胸臆,明净畅达,不失灵动和生气。其政论文,语言精练,结构严谨,简洁有力,劲健奇峭,这类文章的代表作有《论殿试之弊疏》《嘉靖大礼议》等。以《劾田文镜疏》

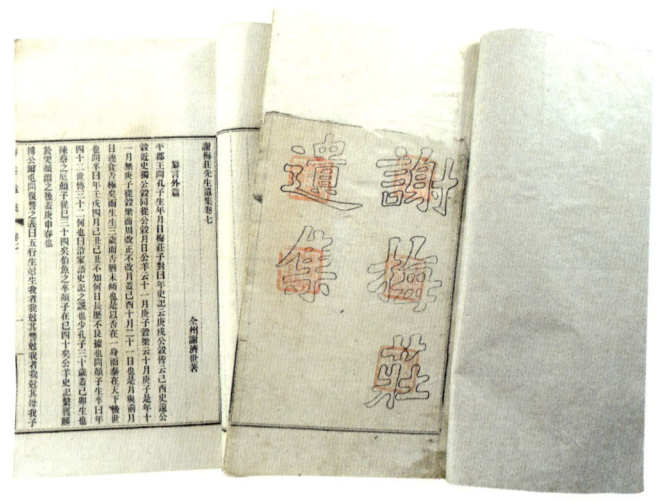

● 谢济世《谢梅庄先生遗集》,清光绪三十四年(1908)赵炳麟铅印本(广西桂林图书馆藏本)

《论开言路疏》等疏奏及史评若干篇，最能彰显其鲠直品性和独到见解。其杂文不以记叙见长，大多以议论为主，篇幅短小，形式活泼，言简意深。如《姚中允覆车记》《陈侍御失马记》等，都是通过一件小事来说明某些人生哲理，启人深思。

值得一提的是，谢济世在西北充军时所做的《西北域记》，汇集笔记50余则，以朴实之笔记述了阿尔泰等西北地区的地貌山川、花草虫兽、奇异风俗等，每则故实简短，描写生动形象，述事精当，于结尾借题多发议论，或指人性修养，或阐发哲理幽思。对西北地理、风光、物产、民俗的记述，极具史料价值。可以说，《西北域记》不仅是优秀的散文，也是三百年前关于新疆、西藏，以及蒙古等地难得的史料。

陈宏谋《培远堂偶存稿》

陈宏谋，见《五种遗规》条。

陈宏谋著述，大致可分为自著、纂述、校订三类。自著有《培远堂偶存稿》《课士直解》等。培远堂为陈氏书斋，陈宏谋中榜后其座师张廷玉以远大有为相期许，题赠"培远"二字为堂额。《培远堂偶存稿》是陈宏谋的文集，足本包括《培远堂文集》十卷、《培远堂文檄》四十八卷、《培远堂手札节要》三卷，最初刊本为陈氏去世后七年内（即1778年前）印行，后来在道光年间又有补刻重印。《文集》《文檄》《手札节要》还有单独刊印的，版本众多。

《培远堂文集》十卷，卷一至卷三序，卷四记，卷五颂、赋、诗、跋，卷六卷七祭文，卷八碑、铭、表，卷九卷十杂著，共计录文229篇。《培远堂文檄》四十八卷，是陈宏谋任地方官时所上奏疏及对属下发布的各种命令指示的汇编，是其后人所编辑刻印，其内容极其广泛，凡地方吏课、保甲、租税、刑狱、农桑、水利、交通等无不论及，共计收录檄文560余篇。《培远堂手札节要》三卷，是陈宏谋与私交好友或同僚来往的私人书信节录，内容或发挥政见，或教导晚辈，或宣教官规士范，共计270余则。

陈宏谋强调文章是事功、学问的反映，事功、学问决定着文章的优劣。他认为只有文章与事功、学问相结合，才是真文章、真学问、真事业。其为文，以实用为旨归，以裨益世教、有助学术事功为宗旨。《培远堂偶存稿》是陈宏谋思想、政见、学识以及一生事功等的记载与反映。民国间，广西省乡贤遗著编印委员会编印《陈榕门先生遗书》时即称陈宏谋"一生学术经济，具备于此"，因此《偶存稿》是研究陈宏谋政治思想、经济思想、学术思想、教育思想等的重要材料，也是研究清代中期社会政治、经济、文化等问题极具价值的宝贵资料。

李秉礼《韦庐诗集》

李秉礼（1748—1831），字敬之，号松甫（又作松圃）、韦庐，又号七松老人，祖籍江西临川。其父李宜民，雍正年间入桂，乾隆间以盐业起家。后李氏子孙，皆寓居桂林，并一跃成为当地书香望族,曾有"李氏一门风雅,为当时桂林之冠"之说,当时李秉礼的诗、李秉绶的画、李宗瀚的书法又有"桂林三绝"之称。

李秉礼父亲曾为他捐官刑部江苏司郎中,但他"性高淡",不奈官场的束缚与勾斗,不久便辞官返回桂林,归隐林下,以读书与教育子侄为乐。他与家人喜交游骚人墨客,和袁枚、李宪乔、邓显鹤、晏启林等名士交往甚笃。李秉礼与诗友唱酬应和,极一时之盛,袁枚《随园诗话》、杨钟羲《雪桥诗话》等都曾有记述。

李秉礼兴趣爱好比较广泛,书法、绘画等均有涉猎,但最钟情且最有成就的还是诗。他专注于诗学,喜诗擅诗,一生诗作不

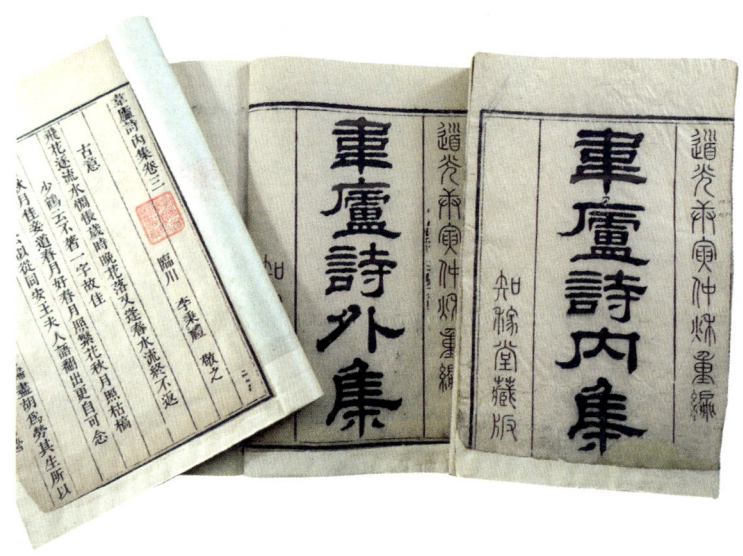

● 李秉礼《韦庐诗集》,清道光十年(1830)知稼堂刻本(广西桂林图书馆藏本)

少。他对韦应物诗歌的喜爱,到了痴迷的程度,自名所居曰"韦庐",自号"韦庐",把房前的石头叫"韦石",把诗集取名为《韦庐诗集》。李秉礼的诗作曾多次结集刊印,最早有乾隆至嘉庆年间刻印的《韦庐初集》《续集》《近集》各一卷,晚者有光绪十三年(1887)刻本《韦庐诗内集》《韦庐诗外集》《韦庐胜稿》等多种。

李秉礼的诗,其内容概括起来大致有山水田园、闲居生活、咏物感怀等方面的题材。其诗格调高雅,清新自然,得人肯定。袁枚评价李秉礼的诗称:"性之所近,又能自出心裁,不袭陈迹,选声必脆,下字必工。"总体来看,李秉礼诗的基本风格具有中国传统诗人陶渊明、谢灵运、王维、孟浩然、韦应物、柳宗元等山水田园诗人的特点,多用白描和篇幅较短的五七言古体、律诗描写山水田园、表达闲适淡雅的心情,自然亲切,和谐动人。

清代编辑的两部广西大型诗歌总集《峤西诗钞》和《三管英灵集》均收录李秉礼的诗,其中前者收录其诗达一百余首,是该诗集中入选诗歌最多的诗人。徐世昌编大型诗集《晚晴簃诗汇》也选录李秉礼诗作 16 首。

蒋励常《岳麓文集》

蒋励常(1751—1838),字道之,号岳麓,广西全州人。出身于世代书香门第和簪缨之家,青少年时即学兼文武,崭露头角。年轻时追随父亲宦游四方,显示出卓越的才能。但科场不顺,屡试不第,至乾隆四十五年(1780)中省试副榜第一。其后会试数度落第，嘉庆六年（1801）获大挑二等，被选为融县训导。融县地瘠民贫，士风不振，学风不盛，蒋励常在任六年，整饬风气，严立课程，减免资费，资助贫士，鼓励读书，当地文风日盛，弟子相继中举。之后任清湘书院山长十年，育才甚众。蒋励常热心公益，乐善好施，凡乡里公益事务，都慷慨解囊。又潜心学问，至老不倦，深究理学，尤工古文。

蒋励常视诗文为小道，本身无意将其结集刊印，不过他的一些著作，如编辑用于启蒙教育的《养正编》等，"皆已不胫而走"，流传广泛。道光十年（1830），经门人再三劝说，终于同意刊行其文稿，但由于生平所为诗文未尝留稿，经其子蒋启扬搜辑，仅得古文50余篇，诗8首，最后以阙佚过多而未付梓。之后，其孙蒋琦龄遍索门生故旧之家，加之此前所辑，共得文百余篇、诗九首、词一阕。咸丰年间，经历兵火，虽遗稿尚存，但已有佚失。此时耆旧

● 蒋励常《岳麓文集》，清咸丰九年（1859）刻本（广西桂林图书馆藏本）

多已凋落，搜罗无望，蒋琦龄恐辛苦搜存的文稿再次散佚，故于咸丰九年（1859）将遗稿整理刊印为《岳麓文集》八卷，录文90余篇，包括论、说、考、记、书、序、跋、寿序、墓志铭、杂文等，并附录诗歌9首、词1首。

蒋励常为文重理，强调"先理后文"，认为"作文须醇而后肆，未醇而肆，恃才者浮，务博者靡"。同时十分讲究作文之法，追求"文之恣肆"，他将《孟子》作为"说理"与"运笔"完美结合的典范，"说理不善运笔，便近注疏语录。然而运笔之妙，当先于《孟子》求之。"主张"文以载道"，注重文章的教化功能。其诗文尤有益于世道人心，有裨于名教纲常。

蒋励常深究宋儒理学，又精研古文，故其为文，文理兼具。其理，并非空疏论理，而是以切实有用为归，针对现实有的放矢，有感而作，且见解多独到精辟。行文不拘一格，往往于平淡的叙述、讨论中，说明道理，启人深思。语言朴实简净，文意深远，或述修身养性之法，或明为人处事之宜，或言读书治学之道，或讲齐家安邦之策，大多言简意深，于细微处将宋儒修身之法缓缓道出，不着痕迹，而又令人回味无穷。张维《清代广西古文研究》称："蒋励常的散文既非乾嘉学风影响下考据之文的枯燥繁琐，也非桐城派谨遵义法的理学家之文，而是灵活通脱、灵动曼妙，充满生气，又不失古朴雅致。其朴拙醇简的文风，别开生面，读来令人眼前一亮。"

龙献图《易安堂集》

龙献图（1755—1838），字则之，号雨川，广西临桂人。乾隆四十五年（1780）举人，之后数次入京会试均落第。嘉庆十三年（1808）大挑二等，授平乐县教谕。嘉庆二十一年（1816）候选知县，次年调云南盐法道库大使。道光三年（1823）归里，道光十八年（1838）卒于家。

龙献图敦品励学，善于撰写文章，颇得时人推崇，他原本撰有文集藏于家，咸丰年间还保存完好，可惜没有刊印，未能传世。除了文以外，龙献图还善于作诗，《易安堂集》就是他的诗作遗著。《易安堂集》是一部珍贵的广西地方文献，其成书过程十分

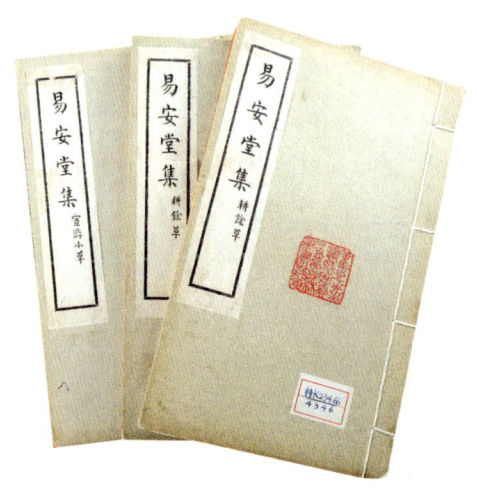

● 龙献图《易安堂集》，民国蓝印本（广西桂林图书馆藏本）

曲折坎坷。龙献图生前曾有意识地整理过自己的诗集，但是一直到他去世之前仍未系统完全地整理出来，而且遗留的诗稿也没有一个统一的名称。直到光绪初年，才由其子龙寅绶整理成《易安堂诗草》四卷。之后清民鼎革，诗稿几经辗转到了黄华表先生手上，但由于各种原因最终未能正式出版。现保存在广西桂林图书馆的红格铅排蓝印本《易安堂集》，就是初步排版完成后用于校对的一个非正式印本，尤为珍贵。

龙献图是清代广西诗作较富的著名诗人，《易安堂集》收录他300余题近500首诗作，包括《耕余草》《宦游小草》《归田草》三种诗集。《耕余草》二卷，收录诗作200多题300多首，龙献图虽一生经历坎坷，但生平职事多与教育相关，从事教职的时间最长，故而《易安堂集》里面收诗最多的一种诗集就是他在从事教职期间创作的《耕余草》。《耕余草》以嘉庆十三年（1808）为界分为前后两卷。前卷，由于诗人频年奔波，以教馆授业为生计，"笔耕于四方"，所吟诗作"其志微，其音促，其词俚而无文"，自认为是"耕者之作"，故而以"耕余"名其诗集；后卷，诗人虽然谋得了一县教谕的正式官职，但所从事者仍不外乎"舌耕笔耕"，故而这期间所做依旧归为《耕余草》之内。《宦游小草》一卷，收录龙献图嘉庆二十二年（1817）至道光三年（1823）在云南任盐法道库大使期间的诗作46题70首。这时诗人已年过花甲，虽官职有所上升，但不久就经历了丧子之痛，之后又经历了老来得子的喜悦，诗人在"宦游"期间的情感经历大起大伏，故而诗作中表现的思想情感也复杂多变，但辞官归隐的思想却越来越强烈。《归田草》一卷，收录龙献图道光三年辞官归里后的诗作61题103首。诗人在经历了人生的多重曲折坎坷后，以年近古稀的高龄辞官归里，"如梦觉，如酒醒"，悠游山水田园之间，诗作风格趋于平易恬淡。

黄体正《带江园小草》

黄体正（1767—1845），字直其，号云湄，广西桂平人。嘉庆三年（1798）乡试解元，嘉庆二十二年（1817）大挑二等。历任迁江县训导、西隆州学正、桂林府训导。道光十一年（1831）擢国子监典籍，称疾不赴。先后在全州、西隆、桂平、桂林等地多所书院任讲席。道光二十五年（1845）卒于桂林经舍。

黄体正的诗文集在其生前已有刊行，他晚年的时候又对其做了一番精心的筛选删润，诗文集各删为四卷，但这一择存本在他去世后不久即因太平军起事而毁于兵燹。黄体正的同乡后学黄榜书多年来留心搜寻其遗集，曾觅得一部择存本，但因其残缺不全而重刊未果。之后大约在光绪初年，黄榜书又通过友人从梁氏、郑氏处觅得两部初刻本，皆品相完好。黄榜书担心黄体正的遗集会散佚失传，于是动议集资重刊，以郑氏家藏初刻本为底本重编付梓，这就是现今传见的光绪十八年（1892）黄氏家塾重刻本《带江园小草》十四卷卷首一卷，计一函八册，第一至三册为《带江园诗草》六卷卷首一卷，第四至六册为《带江园杂著草》六卷，第七册为《带江园时文草》一卷，第八册为《带江园小简附草》一卷。

光绪本《带江园诗草》六卷,依次收录黄体正自乾隆五十六年(1791)至道光二十五年(1845)所做古今体诗近600首,他是清代广西存诗数量较多的诗人之一。光绪本《带江园杂著草》六卷,收录黄体正所做书、序、记、传、状等各类文体的文章70余篇。《带江园时文草》和《带江园小简附草》则收录黄体正的一些应制文章和往来信札。

黄体正是嘉庆道光年间广西著名的文人,尤以诗歌创作的成绩最为突出。他的诗歌以纪游写景居多,也有不少描摹风土人情、抒写人生际遇和应酬赠答的诗作,诗歌的艺术风格朴实平易,自然流畅,不事雕琢。他的诗歌创作不但在实践方面多有创获,而且在理论方面也有自己独到的心得和见解,其《带江园诗草·自题》称:"作诗如写真,所贵得生

● 黄体正《带江园小草》(诗草),
清光绪刻本(广西桂林图书馆藏本)

趣。落手忌雷同,用心出灵悟。"他的诗学主张十分鲜明,认为作诗应当抒写自我真情实感,切忌无病呻吟,反对宗派门户之争,在诗歌创作上坚持自我,其诗学主张虽然从历史上来看并无新意,但这一独立的精神无疑是值得肯定的。

除了诗歌创作外,黄体正在作文上也有所获。从《带江园杂著草》《带江园时文草》《带江园小简附草》所收文章来看,黄体正作文诸体兼备,文风朴实平易,不尚浮华,在艺术风格上和他的诗作大体一致。赖鹤年《黄云湄先生传》称其"为文朴实,说理与榕门相国《培远堂集》为近,手定家规、族约、乡约各条,皆适于用"。总之,从黄体正的文学创作实践和成绩来看,他都不失为清代广西文人中的佼佼者。

罗辰《桂林山水》

罗辰(1770—1844),字星桥,号罗浮山人,又自署"武夫",广西临桂人。出身绘画世家,父亲罗存理,是乾隆年间广西著名的画家,擅长山水画,尤以画桂林山水出色。罗辰自幼受艺于其父,勤学苦练,精研诗、书、画。又习枪弄棒,驰马试剑,练就了一身武功。文武双全,见闻广博,文人雅士喜与之交往。曾为两广总督阮元、广州将军庆保和两广总督李鸿宾聘请为幕宾,前后长达十二年之久。性喜山水,遍访桂林名胜,足迹还涉及兴安、全州、阳朔、灌阳、永福等地,并北上湖南、湖北、河北等地。以诗歌、书法和绘画兼擅而闻名,其诗、书、画被时人誉为"漓

江三绝"。尤以绘画最有影响,绘画中又尤其以山水为最。所画桂林山水精于布置,疏淡有致。

《桂林山水》,或称《桂林山水图册》,为罗辰画集。罗辰早年在桂林的时候,曾写生桂林山水,绘成"桂林名山图"28幅,每图都附有小记和诗。他去广州当阮元幕僚时曾将其带去,为阮元和广州将军庆保及当时广州名士所欣赏。后来,罗辰又增删了一些画,并请庆保鉴定,阮元作序,将图连同小记及配诗一并刻印成《桂林山水》画册,于道光十一年(1831)刊行。

《桂林山水》共33幅,其中桂林山水图占22幅,另附附近州县山水图11幅。在当时的印刷条件下,"桂林山水图"虽不能完全表现罗辰绘画的全部佳处,但也保存了其画意。桂林山水的意蕴,如春天葱茏俊秀,夏日浓郁热烈,秋天高远爽洁,严冬峻拔凝重,丽日里神采飞扬,烟雨中气韵万千,轻风里摇曳多姿等,尽显画中。每幅画均有题记和小诗,诗画俱佳。

罗辰《桂林山水》作为刻印桂林山水的第一本书,时人给予了很高的评价。卷前张维屏、赵古农诸家序,推崇备至,以神笔画仙称之。张维屏赞曰:"桂林山水,夙闻其奇。探奇未果,入我梦思。江东文孙,六法精妙。爱山成癖,名山写照。峰峦起伏,岩洞玲珑。岂惟形似,得山性情。发之尽幅,可游可读。补桂胜书,配骖鸾录。"当代著名学者、藏书家黄裳于民国间购得罗辰《芙蓉池馆诗草》并《桂林山水》,有题识云:"今秋游西南三月,初拟小住桂林,更探阳朔山水之胜,后以留滞滇南过久,匆匆作归计,未得一泛漓江之棹,意甚憾之。归后乃于书肆架上抽得此卷,似助余为卧游之助者。书价大昂,两册书索价至三十金,然仍毅然收之,以传本至罕也。书系道光中刻于粤中者,山水图多至一册,虽不足与萧尺木作抗手,然刀法谨严,尚能不失画意,亦言雕版史所不可废也。书刊成而太平军起,板片灰烬,人间未必更有数本矣。"此外,《桂林山水》中纪事短文介绍了画中名胜的所在地、名称的由来及有关典故等,对研究桂林名胜的历史和演变也具有参考价值。

梁章钜《三管英灵集》

梁章钜(1775—1849),字闳中,一字茝林,号茝邻,晚年自号退庵,祖籍福建长乐,清初徙居福州,自称福州人。嘉庆七年(1802)进士。曾任礼部主事、军机章京、礼部员外郎等官职,道光间官至江苏巡抚,兼署两江总督,后以疾告归。为官有政声,博学多才,擅诗,长于考订,又精鉴别。勤于学问,卓有成就,平生著述近七十种。

梁章钜于道光十六年(1836)至二十一年(1841)任广西巡抚,在桂6年。在桂期间,他命广西各府、州、县搜集采送历代广西诗人诗文集,又从说部、丛书、石刻、地方志书等文献中辑录资料,在平南彭昱尧、临桂朱琦的协助下,编成《三管英灵集》五十七卷。稿成未印,梁氏即调任江苏巡抚,行前将诗稿交临桂黄春亭督印,之后大约在道光末年印行。

诗集取名《三管英灵集》,是因为广西在唐代时,属桂、容、

邕三管之地,故人们用"三管"指代广西,称"英灵"则是仿唐殷璠《河岳英灵集》之名。《三管英灵集》收录晚唐至清道光年间565名诗人共3500多首诗词作品(不收在世诗人的作品)。除方外、流寓22家外,其余诗人全是广西人,可谓名副其实的广西籍诗人诗作总集。

在《三管英灵集》之前,广西诗集有汪森《粤西诗载》和张鹏展《峤西诗钞》,二者各有所长,亦各有所短。《三管英灵集》较二者晚出,上取《粤西诗载》《峤西诗钞》之成就,下补二书之缺陷,成一代伟业,享誉颇盛,是广西第一部由官方主持的大型诗总集。它收录广西诗人诗作,不仅时间跨度长,从晚唐至清道光间,时长近千年,并且它收录的诗人及其诗作数量甚多。所附作者小传,保存了大量广西诗人的资料,尤其有助于对广西历代诗人的考证。故而,对于研究广西诗歌创作

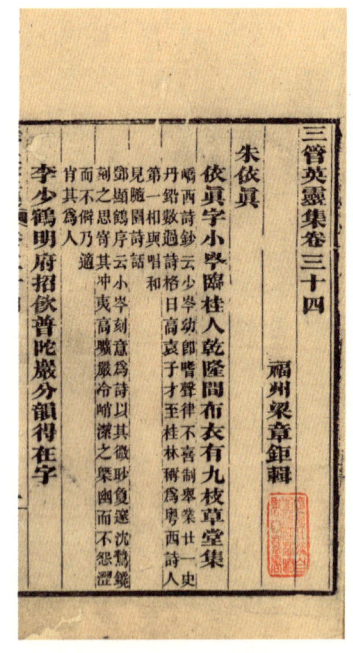

● 梁章钜《三管英灵集》,清道光年间桂林汤日新堂刻本(广西桂林图书馆藏本)

的历史，《三管英灵集》堪称一份十分珍贵的文献。王德明《广西古代诗词史》称其为"广西诗歌史料的集大成之作"。再有，其所收诗文内容反映广西的山川、名胜古迹、社会生活、民族风土，以及政治、经济、文化等，是一部历史文化诗史，对研究广西历史文化，也很有参考价值。

清道光间刻本《三管英灵集》，现今已极为难得。根据文献调研，目前所知国内仅有三套：其一为湖南图书馆藏本，全本；其二为中国国家图书馆藏本，全本，该本曾为况周颐、郑振铎旧藏；其三为广西桂林图书馆藏本，残本，所缺卷抄配补全。

在编纂《三管英灵集》的同时，梁章钜又从各种史书、随笔杂述、诗话著作中辑录有关"三管地区"诗人事迹及诗歌资料等，原拟以"诗话"附缀于诗集之后，后"诗话"别出单行，于道光二十一年（1841）刊刻，即《三管诗话》三卷。

吕璜《月沧诗文集》

吕璜（1777—1838），字礼北，号月沧，晚号南郭老民，广西永福县人。嘉庆六年（1801）举人，嘉庆十六年（1811）进士。历任浙江庆元、奉化、山阴、钱塘知县，升杭州府西塘海防同知。为官多有惠政，尤擅决狱。道光五年（1825）因事褫职，滞留杭州数年，寻师问道，潜心研习桐城古文。道光十二年（1832）返抵桂林，十四年（1834）出任经古书院（即榕湖经舍）山长，次年主讲秀峰书院，倡导桐城古文义法。道光十八年十一月二十八

日（1839年1月13日）因肺疾去世。

吕璜是清朝嘉道年间广西著名的古文家，他晚年回广西后大力提倡和传授桐城古文，在他的倡导下，19世纪中叶广西出现了一个颇具影响力的桐城派古文创作群体——"岭西五大家"。吕璜是这个群体的首倡者，也是后面四人学习古文的引路人。其生平著述主要收集在《月沧文集》和《月沧诗集》中。

吕璜的诗文集有多个版本，最早的是道光八年（1828）刻本《月沧诗文偶存》二卷。收录吕璜诗文较全的是道光二十一年（1841）刊本《月沧文集》六卷、《月沧诗集》二卷，该本卷首有墓表、年谱等，后来《涵通楼师友文钞》《粤西五家文钞》《桂岭五大家文集》《岭西五家诗文集》等丛书所收吕璜诗文集多源自该本。

吕璜以创作和传授桐城古文著称，但他却经历了一番颇为曲折的过程。吕璜幼年时家境贫寒，其父吕茂纶因冤狱被发配到江西万安县充军，吕璜即出生于戍所，乾隆五十六年（1791）其父获赦，吕璜才随父回乡。幼年时的这段家庭不幸的经历，对吕璜影响非常大，促使他形成了痛恨贪赃枉法、崇尚清正廉明的政治思想。虽然生活十分困苦，吕璜仍坚持在父亲的督导下"读书为文"，他开始接触到一些唐宋大家的古文，但是要应对科举考试，因而无暇深入学习古文。而在中进士步入仕途之后，吕璜"一心于公事"，与自己喜欢的古文则相去愈远。一直到道光五年（1825）罢官，吕璜才潜心于学问，系统学习桐城古文理论，并进行古文创作实践。他在杭州滞留期间，延请了姚鼐的私淑弟子吴德旋到自己的丛桂山房居留了二十余日，畅谈桐城古文义法。之后吕璜将这次谈话的内容整理成册，便是著名的《初月楼古文绪论》。《古文绪论》集中反映了桐城派的古文理论，吕璜不仅自己对其服膺于心，还将其带回广西进行传授，直接促进了以"岭西五大家"为代表的桐城派古文创作群体在广西的兴起。

《月沧文集》收录了吕璜的论说、序跋、传记、碑志等多种体裁的文章，多符合桐城古文义法。他主张"先行而后文"，即必须先端正品行，提高修养，而后再作文，这样文章才能"温醇闳远适于道"。他还认为"作文立志要高"，要取法乎上，他说："北宋大家，虽不可以不学，然志仅及此则成就小矣。《史》《汉》及唐人须常在意中也。"吕璜的古文语言简洁典雅，文风平易朴实，"宗法正而功专，笔力且欲突过德旋"，有青出于蓝而胜于蓝之势。吕璜的古文善于从小处着眼来表达观点，常为一些名不见经传的小人物写传记、墓志，对一些常见的题材不刻意求奇，却往往能给人以启迪，能由物及人，从书画谈到读书写作、为人处世，从具体细微的事情中引出大道理，表明观点，夹叙夹议，开合有度。

除古文之外，吕璜也有不少的诗歌创作，《月沧诗集》收录了他数十首诗歌，多为游宦、题赠、写景、感怀之作。顾绍柏先生称其"不乏语浅意深的篇什，然议论过多是其弊"，袁行云先生《清人诗集叙录》称其"题画之什，尤多掌故"，这些可能与吕璜一生重古文有关。

王维新《海棠桥词集》

王维新(1785—1848),字景文,号竹一,广西容县人。嘉庆十五年(1810)举人,之后数次会试皆落第。道光六年(1826)大挑二等,历任武宣县教谕,平乐府、泗城府教授。卒于道光二十八年(1848)。

容县王氏是广西著名的书香世家,这一家族自始祖王念九以来,历六百余载,至今书香延绵不绝。王维新是这一家族的第十七代。因父、祖皆为蒙馆塾师,他自小受到了良好的教育和熏陶。王维新会试落第之后,又回到都峤山中潜心读书,"淹贯百家,渔猎群集",于天算、文史、书画、音乐等无不精研,生平游历甚广,所到之处多有吟咏,诗词曲赋皆工,与同乡覃武保、封豫结社于都峤山,有"峤山三子"之称,是清代广西著名的文人和学者。

在词的创作方面,王维新是一位高产作家,是王鹏运、况周颐之前广西存词数量最多的一位词人。《海棠桥词集》是他自己编定的词集,收录词作520阕。王维新与秦观有着相似的人生际遇,都曾屡试不第,怀才不遇,故而在情感上有所共鸣,词集中有不少感喟身世、叹惋不遇的作品。此外,王维新认为"诗忌纤,唯词不厌,又语有长短,可以发泄胸中,故不得志于诗者多喜为",他十分推崇秦观的婉约词风,在艺术和审美上皆以秦观为典范。因此,王维新以秦观贬谪横州(今广西横县)时吟咏过的"海棠桥"命名自己的词集,不但表达了自己的情感诉求,还表明了自己的艺术取向，可谓托旨深远。

王维新的词作题材多样，内容丰富，体裁方面以小令见长，中调、长调亦见笔力。王维新曾长期蛰居乡村，读书于都峤山中，又多次赴京会试，辗转于大江南北，遍览田园风光、江山胜景，故而《海棠桥词集》中描摹景物、吟咏山水的词作最多，占总数近半，这类词作语言平素淡雅，多以白描的手法写景状物，风格恬静清新。

《海棠桥词集》未曾正式刊刻印行，仅有抄本一部深藏于博物馆内，流布未广，加之词人官职不显，故世人知之者甚罕。1993年版《粤西词载》仅收王维新词一首，2009年版《广西古代诗词史》亦仅述及王维新的诗作，而词则未着笔。黄蝶红《论王维新的文学创作》一文称："综观《海棠桥词》五百多首词，题材内容丰富多彩，艺术上呈现以清远淡雅为主而又多格并存的风貌。描写田园山水，吟咏景物的篇章，意境疏淡，格调清远；写男女恋情、离愁别绪，一往情深，妩媚婉丽；咏怀遣兴之作，有的旷达豪放，有的含蓄深沉。"彭君梅则概括称："善于选取典型的意象来构成静谧、凄清的意境，或正面烘托，或反面衬托，以寄托幽寂的情怀，是王维新词作的主要特色。"她在研究王维新词作的同时，还将这部词集整理出版，真乃词人之幸，世人之幸。

虽然王维新的词作在思想内容上或有不够深广之嫌，艺术技巧亦未可遽称上乘，但以《海棠桥词集》词作数量之大及艺术成就之高，以"粤西词大家"冠之，王维新当之无愧，他在广西古代诗词史上的地位亦值得大笔书写。

陈继昌《如话斋诗存》

陈继昌(1791—1856),号莲史,广西临桂人。陈继昌于嘉庆十八年(1813)中癸酉科乡试解元,之后连续两次会试皆落第,于嘉庆二十五年(1820)连中庚辰科会试会元、殿试状元,是广西继北宋冯京之后第二个"三元及第"者,也是我国科举时代最后一个"三元及第"者。中进士后,陈继昌入翰林院任修撰,道光二年(1822)任陕甘乡试副考官,道光五年(1825)京察一等,出任山东兖州府知府,历任直隶通永道、江西按察使、山西布政使、直隶布政使、甘肃布政使、江宁布政使、署理江苏巡抚等职。道光二十五年(1845)因病解任回籍,卒于咸丰六年(1856)。

陈继昌出生于一个五代连科的官宦世家。高祖陈宏谋为雍正元年(1723)进士,曾长期担任地方督抚要职,官至东阁大学士兼工部尚书。曾祖陈锺珂为乾隆六年(1741)举人,拣选知县,官至江西督粮道。祖父陈兰森为乾隆二十二年(1757)进士,历任刑部郎中及湖南、江西、湖北等地道台、知府。本生父陈元焘为乾隆五十三年(1788)举人,官内阁中书。第五代除陈继昌外,还有其胞兄陈治昌为道光元年(1821)举人,官贵州定番州知州;胞弟陈咏昌为道光二年(1822)举人,官象州学政。自陈宏谋以降至陈继昌这一代,整个临桂横山陈氏家族有十余人在科举中考取举人及以上功名,是清代广西乃至全国著名的科宦家族。陈继昌拥有如此显赫的身世功名和深厚的家学渊源,在中进士后二十多年的仕途中勤勤恳恳,为官多惠政,有乃祖陈宏谋的遗风,所获赞誉颇多。

　　陈继昌善书法，能诗文，但生平著述不多见，且多散佚，今有诗集传世。民国三十二年（1943）广西省乡贤遗著编印委员会本着"既存文献，且明渊源"的目的，将陈继昌的《如话斋诗存》附于陈宏谋《陈榕门先生遗书》最末，一并排印出版，这是陈继昌诗集最早的正式印本。《如话斋诗存》共收录陈继昌诗作70余题110多首，绝大多数是他中进士后所做，内容多为酬唱、题画、纪游之作，写景、婚恋、咏史等较少，所涉题材较为狭窄。李任仁《如话斋诗存跋》称："先生不以诗名，顾读其所作，大都陈忠孝而箴末俗，述祖德而诫子孙，有合乎兴观群怨、温柔敦厚之旨，其得于诗者至深，不徒流连景物，批抹风月已也。"这可能也受到了陈宏谋的影响，陈宏谋

● 陈继昌《如话斋诗存》，民国三十二年铅印《陈榕门先生遗书》附录本（广西桂林图书馆藏本）

以"修齐治平"为志事，平生作诗不多，偶有所作亦以题赠、感赋居多，陈继昌为官处世严守家风，故作诗也多中规中矩，不偏不倚。郑逸梅《跋陈继昌手书诗卷》称其"诗亦弘廓夷愉，若浑金璞玉，奕奕自露神采"。

陈继昌虽然不以诗名著称，存世诗作亦不多，但他亲身经历了清王朝盛极而衰的转折，不少诗篇亦能应时而作，表达忧国忧民之心。例如，诗人在巡察通永河道时，曾吟出了"漫说清贫邀帝鉴，嗷鸿遍野鼻增酸""病马渐消千里想，嗷鸿忍听万声哗"等诗句，诗人焦忧之心溢于言表。又如《题云谷图》末句"那得英英郁郁五色横天结大阵，扫却欃枪见清净"，其时西方列强不断侵扰我国海疆，诗人借《长阿含经》"清净云"的典故，期盼得到"五色横天结大阵"的神力来荡平海氛，寄托了诗人忠诚的爱国志愿。

陈继昌的诗歌除了受高祖陈宏谋的影响较大之外，还深受苏轼的影响，"在思想上继承了苏轼诗中随遇而安、安时处顺的思想，还反复在诗歌中化用苏轼诗句"。《如话斋诗存》中有不少和苏之作，如《和太宰卢南石师招饮及门用东坡聚星堂韵之作》《东流阻风五日示阿齐用坡公新滩阻风韵》《癸卯北行舟中寄别四弟于象州学廨用东坡闻子由得告不赴商州三首韵》等。还有一些诗作甚至直接化用苏轼的诗句，如《读苏诗再叠前韵二首》中的"寸田无荆棘""淹留见人情"等句都出自苏诗。

朱玉仙《画诗楼稿》

朱玉仙,广西博白人。生活在嘉庆至同治年间,出身官宦世家。祖父朱宗腾是乾隆年间举人,曾任湖北武昌府同知,父朱德玙官福建潭平同知。从小聪慧好学,闺训严格,饱读诗书。嘉庆末年至道光初年,随父亲于福建任上,经常与姐弟在官署内画诗楼上习文学艺,写诗酬唱。26岁时嫁广西北流拔贡黎玉章,夫妇志趣相投,情爱甚笃,赋诗唱和。然好景不长,不满四载夫死于任上,朱玉仙携子扶柩还乡,孀居数十年,含辛茹苦抚育儿子,亦借诗以抒幽怨。工诗能画,人称朱玉仙为"北流女史"。

《画诗楼稿》二卷,光绪九年(1883)刻本,载诗70余题近240首。朱玉仙的诗作多因时而发,文词清丽自然,蕴含真情实意,又借物兴叹,抒怀述志,清纯娟秀而又遒劲有力,含蕴丰富,耐人寻味。此外,她还将壮丽的河流山川、不同的风土人情、丰富的历史文化等融入诗作里面。朱玉仙重亲情,惜友情,为亲人好友而作的思念、赠别诗也为数不少,朴实自然,情真意切。其诗大致可以丈夫病亡为界,分前后两期。前期的作品,主要抒写贵族少女、少妇的闺情,也有咏怀、怨别之作;后期的作品,写于饱经忧患之时,多写失亲亡夫之痛,感旧怀念之情。前期诗风活泼明快,清丽自然;后期则多低回婉转,深沉凄苦。

作为存诗最多的广西女诗人,朱玉仙诗作,或歌咏山川、花草;或表达感旧之情、怀念之意,等等,内容虽未触及重大政治题材,但真实记录了自身经历与感情,且涉及闺房以外的事物,

基调纯正、健康。藉此，可以了解清代中期广西贵族妇女生活的真实情况，亦可认识清代广西闺秀诗之一斑。李燧在《画诗楼诗钞小引》中说："太恭人随任南北，三晋云山，八闽烟水，得之心而应之手者多矣。加以对亭云而思亲友，抚落木而感存亡，宜其能馨风云月露之形，自鸣愁绪；写花鸟禽鱼之趣，别抒幽思也。"指出了朱玉仙诗歌的内容与特征，并认为她足以与清朝江南地区的才女相提并论，所言虽有面谀之嫌，却也并非全无道理。王德明《广西古代诗词史》称，朱玉仙诗，内容上以情深为特色，不为文造情；手法上又以白描为主，不用浓墨重彩，在广西女性诗人中是较为优秀的。

郑献甫《补学轩诗文集》

郑献甫，见《愚一录》条。

郑献甫是清代后期广西著名的文人和学者，做官时间很短，一生专注于读书、教学和创作、著述。他曾在柳州、宜州、桂林、顺德、广州、象州等地各大书院执教三十余年，生徒遍布岭表二省。郑献甫著述宏富，其诗文集主要有：《补学轩诗集》八卷，含《鸦吟集》四卷、《鹤唳集》四卷，咸丰十年（1860）采菽堂刻本；《续刊补学轩诗集》十二卷，含《鸡尾集》六卷、《鸥闲集》六卷，光绪五年（1879）林肇元黔南节署刻本；《补学轩文集》六卷，含《散体文》四卷、《骈体文》二卷，光绪二年（1876）桂林杨鸿文堂刻本；《补学轩文集续刻》六卷，含《散体文》四卷、《骈体文》

二卷，同治十一年（1872）桂林杨鸿文堂刻本；《补学轩文集外编》四卷，光绪八年（1882）林肇元黔南节署刻本。在古典诗文创作方面，郑献甫是清代广西一位卓然独立、成就斐然的大家。他一生创作的诗文作品，除了部分青年时期所做外，主要收集在上述五种补学轩诗文集中，其中诗二十卷近三千首，文十六卷五百余篇，是清代广西少数诗文高产的作家之一。

《补学轩诗集》及《续刊》，即《鸦吟集》《鹤唳集》《鸡尾集》《鸥闲集》，按时间顺序收录郑献甫自道光十四年（1834）至同治十一年的诗作。郑献甫的诗歌创作，数量大，题材广，内容丰富，风格多样。他生活在近代中国数千年未有之变局的多事之秋，亲身经历了太平天国运动、两次鸦片战争等重大历史事件，因而他的诗集中有许多涉及近代

● 郑献甫《补学轩文集续刻》，清同治十一年桂林杨鸿文堂刻本（广西桂林图书馆藏本）

历史事件的诗作，反映了动荡不安的时代危局，揭发了腐朽黑暗的社会现实，抒发了作者深沉的爱国忧民情怀。此外，他的诗集中还有许多记述遭遇、咏史怀古、描写田园、表达亲情、交游题赠及以诗论诗等方面的诗歌。郑献甫的诗"非汉非魏，非唐非宋"，反对一味仿古，主张有感而发，抒写自我真性情。徐世昌《晚晴簃诗汇》称其"直抒胸臆，无所依傍，骨韵甚秀"。晚清广西诗人最著称者有朱琦、王拯、龙启瑞等，郑献甫"颉颃其间，其伉爽之气，清越之音，亦拔戟自成一队"。

《补学轩文集》及《续刻》，按散体、骈体两大类编排，《补学轩文集》收录文章至咸丰十年（1860），《续刻》收录文章自咸丰十一年（1861）至同治十一年（1872）。《补学轩文集外编》为门生林肇元、石建渠所辑郑献甫遗稿。郑献甫天资颖异，学识渊博，其文章诸体兼擅，有针砭时政的论辩考证、有反映战乱的记文叙事、有展现才情的序记述志、有哀悼亲友的祭文墓志等。从他的文集中可以考见他的生活面貌、学术思想以及当时的社会背景和风土人情。郑献甫主张为文应当同作诗一样，要直抒所见，反对门户之见，力避道统文派之说。陈澧《象州郑君传》称其"为文章贯串古今，直抒所见，绝去修饰"。郑献甫的文章，不拘常格，不分门户，雅洁精练，流畅自然，严谨博通，时人和后人都对其推崇备至。张舜徽先生《清人文集别录》赞道："陈澧盛称献甫之辞有曰：二百余年，儒林文苑之彦，迭出海内，及风气既衰，而郑君特起于广西，学行皆高，可谓豪杰之士。澧之此言，信非阿好。故在今日考论近世桂学之盛衰，要必推斯人为最通博焉。"

郑献甫诗文的最大特点是富有鲜明的个性色彩和独到的眼光见地,直抒胸臆,博雅通贯。《古今广西人名鉴》对其做了十分恰当的评价:"博学强记,富于历史眼光及批评精神,《十三经注疏》《校勘记》皆有评点。为文直抒所见,力辟道统文派之说;诗亦体格苍老,出于自然,不事规仿;于广西文学界独张一帜,与雍正间谢济世皆为思想解放之急先锋。"

朱琦《怡志堂诗文集》

朱琦(1803—1861),字濂甫,号伯韩,广西临桂人。道光十一年(1831)解元,道光十五年(1835)进士。选庶吉士,授翰林院编修,迁福建道监察御史。朱琦品性刚毅,直言敢谏,多次上疏力陈时弊,与苏廷魁、陈庆镛有"谏垣三直"之称,合之金应麟又号为"四虎"。后以建言不见用而告归。朱琦于道光二十八年(1848)回桂林以后,执教于秀峰书院及桂山书院。不久太平天国事起,朱琦与龙启瑞等在籍乡绅奉命组织团练进行抵抗。朱琦因守卫省城桂林有功议叙道员,于咸丰六年(1856)入京候选。逾年仍未得选补,于是再次离京南游,随钦差大臣桂良到江苏,落落无所遇。咸丰十年(1860)王有龄巡抚浙江,招朱琦入幕,襄赞军事。次年朱琦总理杭州团练局,太平军围攻杭州,朱琦死于守城之战。

朱琦是19世纪中叶著名的诗人和古文家,诗文造诣颇深,

古文方面与吕璜、龙启瑞、王拯、彭昱尧并称"岭西五大家",诗歌方面与汪运、杨继荣、商书滫、曾克敬、龙启瑞、彭昱尧、李宗瀛、赵德湘、黄锡祖合称"杉湖十子"。其生平著述主要收集在《怡志堂诗初编》和《怡志堂文初编》中。《怡志堂诗初编》八卷,咸丰七年(1857)京师刻本。《怡志堂文初编》六卷,同治四年(1865)京师刻本。二书后来又有多次重印、重刊。民国二十四年(1935)黄蓟在桂林排印《岭西五家诗文集》,将朱琦这两种书收入,并将书名改为《怡志堂诗集》和《怡志堂文集》,合称《怡志堂诗文集》。

道光十一年(1831)朱琦中举之后,在桂林师从"岭西五大家"之首的吕璜学习桐城古文。道光十五年(1835)朱琦中进士之后,在京又同龙启瑞、王拯等师从"姚门四弟子"之一的梅曾亮精研桐城义法,并与许多当时在京的姚莹、邵懿辰、曾国藩等桐城派大家交游切磋。同时他还常向倭仁、唐鉴、李棠阶等理学大师求学问道,精修程朱义理。此外,朱琦还与何绍基、张穆、陈庆镛、魏源等汉学名家相处甚洽。这些丰富的求学和交游经历,对朱琦的思想和治学旨趣产生了深刻的影响,使得他在义理、考据和辞章各方面都有了很大的提高,在他的诗文中有着不同程度的体现。

朱琦"学宗程朱,诗古文皆有法",而其诗歌成就尤为突出,时人和后人对此多有较高的评价。何绍基曾对林昌彝说:"近海内能诗者,以伯韩为最。"严迪昌先生《清诗史》称:"朱琦为官以'直'称,诗则亦称道光、咸丰间广西一大家,冠于同辈。"

钱仲联先生《梦苕盦诗话》称："清中叶后，文风滋盛，论诗独推朱伯韩（琦）为巨手。"朱琦虽以诗名著称，但并非以"述祖宗之功德，备盛清之掌故"的《新铙歌》名世，他被后人视为爱国诗人，是由于他创作了一系列反映鸦片战争前后社会历史的可以称得上是"诗史"的诗篇。钱仲联先生称这些诗篇"皆雄深骏迈，传之不朽者"，"感时念乱之作，无愧一代诗史，不独桂中人之冠而已"，林昌彝甚至极赞这些诗篇"如长江大河，鱼龙百变，足以雄视古今，少陵《北征》及《自京赴奉天县咏怀》而外，少与比肩"。朱琦诗名享誉之高，非同一般。

朱琦除了诗歌享有盛誉之外，古文也取得了很高的成就。道光十二年（1832）吕璜由浙返桂，开始在广西倡导桐城古文，朱琦最先起来响应，后来又同龙启瑞、王拯、彭昱尧在京请业于梅曾亮，所学日益精进，"岭西五大家"是以名噪京华。《清史稿》朱琦本传载其"古文学桐城，步趋吕璜，能自以才力充拓之，而植体经训，原本忠孝，沛然有余，与梅曾亮、邵懿辰相上下"。朱琦的古文长于持论，且所论多持大体，为文简净有法，钱基博先生《中国文学史》称其"文机疏快似东坡（苏轼），笔情拗瘦出半山（王安石）"。如《辨学》以义理、考证、辞章三途立说，《孟子说》《读货殖传》剖析义利之分，而《名实说》最为切中时弊，痛斥当时士大夫徒博谨厚、廉静、退让之名，而无刚毅大节。

彭昱尧《致翼堂诗文集》

彭昱尧（1809—1851），字子穆，一字兰畹，号阆石山人，广西平南县人。彭氏为平南望族，家世业儒。彭昱尧三岁丧父，由母亲甘氏抚育长大。他生有轶才，聪明好学，但不屑于制艺，而矜尚风节，深得广西学政池生春的赏识，于道光十五年（1835）随池生春到桂林学廨读书深造。次年池生春死后，彭昱尧又师从吕璜学习桐城古文。道光十七年（1837）中乡试副榜贡生，二十年（1840）中举人，期间还应广西巡抚梁章钜之邀编校了《三管英灵集》。从道光二十一年（1841）到道光三十年（1850），清廷礼部共举行了五次会试，彭昱尧先后参加了四次［道光二十七年（1847）丁未科他因故未参加］，皆落第。期间他在京又师从"姚门四弟子"之一的梅曾亮继续学习桐城古文，与朱琦、王拯、唐岳等名士相切磋，诗文日益精进，还遍游大江南北，交游甚广。咸丰元年（1851），他郁积成疾，卒于家。

彭昱尧是清朝道光年间广西著名的诗人和古文家，他虽然科考不顺，终身未仕，又英年早逝，但他才华出众，诗文成就颇高，名列"岭西五大家"和"杉湖十子"。其生平著述主要收集在《致翼堂诗集》和《致翼堂文集》中。

彭昱尧的诗文集，生前并无刻本，但有《怡云楼诗集》四十卷和《致翼堂文集》二十卷遗稿藏于家。咸丰四年（1854）唐岳辑刊《涵通楼师友文钞》时，从彭昱尧家藏的遗稿中挑选了一些最为优秀的文章，辑为《致翼堂文钞》一卷，这是彭昱尧文集的最早刻本。其诗集最早的刻本则是同治七年（1868）张凯嵩所辑《杉湖十子诗钞》收录的《子穆诗钞》三卷。彭昱尧的诗文遗稿经王拯、朱琦等点评校订，由龙启瑞抄录了副本，藏于唐岳的涵通楼。后来唐岳家道中衰，经清民易代，该抄本淹没不知去向，直到民国二十三年（1934）才重现人世，次年被黄蓟辑入《岭西五家诗文集》排印出版，即《致翼堂诗集》四卷和《致翼堂文集》二卷，合称《致翼堂诗文集》。

彭昱尧诗文创作颇丰，且"尤工于诗"，他的诗在当时不仅备受乡人推崇，而且别具一格，能自成一体，内容丰富多样，形式不拘一格，有一种突出的豪放雄浑、苍凉沉郁之气，用语奇肆劲健，气势壮阔磅礴，深受韩愈和苏轼诗作风格的影响。刘声木《桐城文学渊源考》卷六称其"诗学精邃，得力于苏，语尤奇肆"，林昌彝《射鹰楼诗话》卷十七称其"诗笔爽朗，如秋水半塘，疏烟一亩"。

彭昱尧不但诗歌成就突出，而且在古文领域也颇多创获。他一生致力于古文辞，是广西桐城派的倡导者之一。他虽然英年早逝，但在古文上却经历了三次明显的转变，并且和他先后从学问道的三位老师有着密切的关系，这是他在"岭西五大家"中较为突出的特点。彭昱尧早年自负才气，往往激扬文字，气势逼人，"为古文辞，奔腾浩瀚"，有"三苏"之风，他的这种纵横才气使他脱颖而出，得到了广西学政池生春的赏识，并带着他到桂林深造，《致翼堂文集》卷一中有数篇史论文章，就具有典型的"三苏"笔法特点。池生春去世后，彭昱尧在桂林又师从吕璜学习桐

城古文义法,其古文风格为之一变,唐岳称其"一约之于理法,则才气少敛",王拯称其"又闻当世所称归方文法于吕,而抑节从之,一屏才气,委蛇绳尺",这一阶段他开始接受明代古文家归有光的古文理论,受其影响较大。彭昱尧入京师从梅曾亮之后,文风又为之一变,古文更趋成熟稳健而自成一家,龙启瑞《彭子穆遗稿序》称其"及见梅先生后,其神韵益近震川",古文风格平易疏淡,注重铸字炼句。

李宗瀛《小庐诗存》

李宗瀛(1809—1859),字季容、小韦,又号心牧子,生于广西桂林,祖籍江西临川。李宗瀛出生于显赫世家,其祖父李宜民从江西迁来广西,以贩盐起家,富甲一方,且乐善好施,家风仁厚,有《韦庐诗集》传世。李宗瀛兄李宗瀚为乾隆五十八年(1793)进士,官工部侍郎、浙江学政,书法推重一时,亦善吟咏,有《静娱室偶存稿》等传世。李宗瀛早年随侍父亲左右,常向李秉礼的诗友李宪乔、朱依真等请教诗学,又师从晏启林、邓显鹤,从小受到了良好的教育。由于父辈嗜诗好学的影响,李宗瀛也养成了勤学好问的习惯,早年即崭露头角。李宗瀛没有走科举仕宦的道路,布衣终身,年轻时曾游览湖广、江浙、山东等地,结识了许多诗友文士。道光十一年(1831),李宗瀛父李秉礼、兄李宗瀚相继故世,家道中衰,晚遭离乱,转而寄托于释道。咸丰九年(1859)李宗瀛病逝于桂林。

李宗瀛曾于道光二十九年（1849）整理过自己的诗集，将自己道光八年（1828）至道光二十九年期间创作的诗歌编为《小庐诗存》十卷，但未曾刻印出版。光绪三十一年（1905），李翊煌在光州乌龙榷政任上开始整理刻印李宗瀛的诗稿，将李宗瀛道光二十九年之后所做的诗歌编为四卷，加上李宗瀛自己所编的十卷，合为十四卷，次年刻成，即光绪三十二年（1906）刻本《小庐诗存》十四卷，此时距李宗瀛去世已近半个世纪。

李宗瀛《小庐诗存》内容繁富，有写景状物诗、交游题赠诗、咏史诗、述怀诗、叙事诗以及表现宗教思想的诗，等等，涉及的题材十分广泛，表现的思想情感丰富，艺术风格多样。他的诗歌创作以道光二十七年（1847）《西延谣十八首》为标志，大略可分为前后两个阶段，诗歌的内容题材及

● 李宗瀛《小庐诗存》，清光绪年间刻本（广西师范大学图书馆藏本）

艺术风格都有较为明显的区分。前期，李宗瀛生活宽裕，涉猎渊博，且自负才华，故作诗意境开阔，色彩斑斓，想象奇特，风格奔放，喜好堆砌典故，刻意雕琢，富丽精工，语句多艰深晦涩。后期，李宗瀛家庭遭遇变故，广西战乱频繁，社会动荡不安，他从家财万贯的富家公子沦落为一贫如洗的平民百姓，精神上、思想上都随之发生了重大的转变，再也没有闲情逸致去舞文弄墨，故诗歌创作也更多的转向关注现实，既感叹自身遭遇的不幸，也表达对底层百姓艰辛的同情，诗歌风格逐渐转向凄厉激越，凝重沉郁，意境清幽孤寒。这些反映社会历史现实、讴歌爱国志士、表达人民艰辛的诗作是李宗瀛诗集中的精华，与他前期的诗作相比，具有更高的社会历史价值和文学艺术价值。

喜好堆砌典故和化用前人诗句，是李宗瀛诗歌的一大特点，即便是后期诗风转变之后也依然喜好用典，只是不像之前那般古奥晦涩。此外，他的诗歌还呈现出散文化、议论化的倾向，夹叙夹议，意气纵横，展现了诗人渊博的学问和非凡的见识，有突出的"以学问为诗"的特征。李宗瀛作诗虽然喜好用典和议论，但是他不刻意模古，而是追求神似，主张自创新意，其《自订旧稿》云："语必由己出，境偶与古会。无须画葫芦，亦弗贩稗种。"其《小芸陶庐图》云："从来学古贵神似，讵求刻似王敦须。""语必由己出""学古贵神似"是李宗瀛诗歌创作所秉持的原则，也是他诗学思想的高度概括。

龙启瑞《经德堂文集》《浣月山房诗集》《汉南春柳词钞》

龙启瑞,见《古韵通说》条。

龙启瑞是清朝道咸年间广西著名的经学家、古文家和诗人、词人。生平著述等身,涉猎渊博,其学术著作涵盖经学、小学、史学、子学等诸多方面,尤着力于音韵、文字、训诂,有《古韵通说》《字学举隅》《尔雅经注集证》等代表作传世,蔡冠洛编纂的《清代七百名人传》将龙启瑞列入第四编"学术"的"朴学"类。在文学上,龙启瑞也取得了突出的成绩,古文方面他是"岭

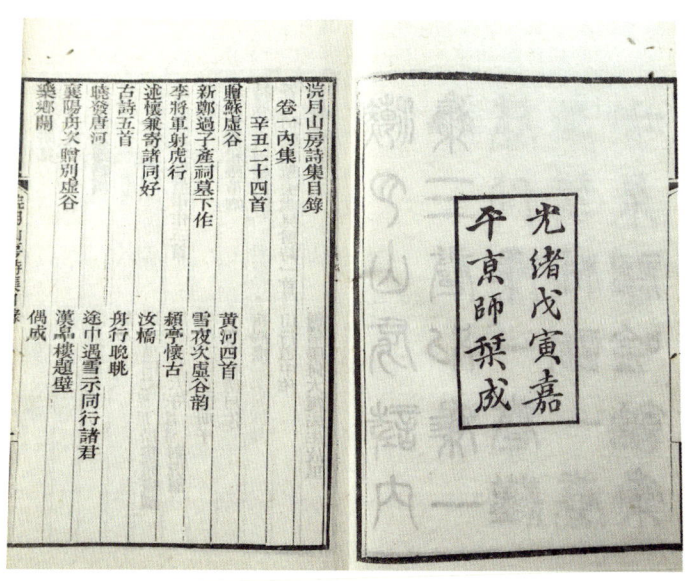

● 龙启瑞《浣月山房诗集》,清光绪四年(1878)京师刻本(广西桂林图书馆藏本)

西五大家"之一,诗歌方面他名列"杉湖十子",况周颐的《粤西词见》又将龙启瑞与王拯、苏汝谦并称为广西"三大中兴词人"。龙启瑞的古文与诗词方面的作品主要收集在《经德堂文集》《浣月山房诗集》《汉南春柳词钞》中。

在清代的桐城派中,龙启瑞是后起之秀。他早年在桂林师从"岭西五大家"之首的吕璜学习桐城古文,之后在京又与朱琦、王拯、彭昱尧等跟随当时的文坛领袖梅曾亮继续研习桐城义法。龙启瑞的古文植根经术,长于议论,强调经世致用。龙启瑞是桐城派在广西的重要代表人物之一,他在继承桐城派基本义法的同时,不囿于成见,而是有所突破和发展,形成了自己鲜明的古文风格,他的文集中就有不少骈散结合、华实相扶的篇章。钱基博先生在《读清人集别录》中对《经德堂文集》做了十分中肯的评价:"今诵其文,条达疏畅,意尽则言止,词足而理明……大抵论学不废考据,而不甚重考据;论文不废义法,而不专重义法;皆承桐城家言之绪论。"

龙启瑞不仅在经学和古文方面取得了很大的成就,而且在道咸时期的诗坛也占有一席之地,堪称粤西大家。龙启瑞的诗歌作品颇丰,《浣月山房诗集》分《内集》《别集》《外集》,按年编排,收录了他的诗作五百多首。龙启瑞的诗歌题材广泛,多贴近生活,关心民瘼,反映社会真实面貌。例如,有借古讽今的《少年行》,有描写灾情的《泸州》,有反映百姓疾苦的《田家词》等,多情真意切,表达了诗人深深的忧国忧民情怀。龙启瑞的诗歌,工于用典,巧于比兴,风格多样,不拘一格。徐世昌《晚晴簃诗汇》

称其"诗不拘一格,寄托遥深,与伯韩(朱琦)诗如骖靳也"。

龙启瑞在文学上的建树,除了古文和诗歌外,词的创作也颇值得一提,顾绍柏先生甚至认为龙启瑞词的艺术成就超过其诗,陈乃乾《清名家词》称:"近代以经师工填词者,以启瑞为最著。"咸丰四年(1854)刊本《涵通楼师友文钞》所附《汉南春柳词钞》收录了龙启瑞的词作五十余阕,光绪四年(1878)龙继栋京师刊本、民国二十四年(1935)《岭西五家诗文集》排印本《汉南春柳词钞》则收录了百余阕。《汉南春柳词钞》内容较为丰富,但所涉题材并没有《浣月山房诗集》那样广泛,多限于婚恋、友谊、题咏、羁旅等。龙启瑞的词作情感充沛,笔调细腻,风格凄丽清婉,钱基博《读清人集别录》称其"词工小令,凄丽清婉,颇得晏殊父子之遗焉"。

苏时学《宝墨楼诗册》

苏时学,见《墨子刊误》条。

苏时学一生喜欢作诗,曾有诗句云"吾生未蜡名山屐,唯有耽诗苦成癖",又云"只愁无计遣诗魔"。其诗作集为《宝墨楼诗册》十五卷刊行于世,共收录苏时学诗作1200余首,按年编排,上起道光十二年(1832),下迄同治十二年(1873)。

苏时学一生好寻幽探胜,《宝墨楼诗册》中以山水田园诗、风俗民情诗居多。咏物之作亦多,咏菊之诗即有数十首,吟咏、描写藤县一带的地方物产以及地方文物的也有很多。此外,诗集

中还有不少唱和之作,为今人提供了很多与之同时代的两粤名士的生平资料,尤其是他们的文学交往,弥足珍贵,如陈澧、张维屏、郑献甫、王拯、彭昱尧,等等。

苏时学《宝墨楼诗册》中,论诗之作尤其值得关注,这类诗大致可分两类:其一,是涉及广西诗和诗人的,其中的一些应酬之作暂可不论,其他对广西诗人诗事的点评论述则是值得关注的,如《暇日偶翻两粤前辈诗集有所得戏作论诗绝句十五首》云:"峤西雅集流传少,唐宋遗音久已沦。一个高僧两名士,二千年内见三人。"非常简洁地概括了宋代以前广西文学的发展及诗文集的留存情况。王德明《广西古代诗词史》称:"这些诗,对广西籍历代的重要诗人作了较系统的论述点评,在某种意义上是用诗歌写作了一部《广西诗歌史》。"其二,是论述中国历史上的诗人创作,如其《读诗遣兴》十八首,评论了曹丕、陶渊明、谢灵运、王维、李后主等二十余位诗人的创作,指出他们在为人和创作上的成就、特色。王德明《广西古代诗词史》评论称:"苏时学诗中最集中也最具特色的是论诗之作。"

苏时学诗的总体风格是清新自然,不事雕琢而神韵自见,他一生的创作忠实地践行了自己青年时代所提出的这一理论主张。其诗的另一风格是"绝无依傍",身处宋诗派统治诗坛的时代,而他的诗却很少"以议论为诗""以才学为诗",他熟悉经史,却很少堆砌典故。其体裁也是多种多样,既有律体,也有歌行体和古体,但总的说来以短篇律体居多;律体以五七言为主,但六言也不鲜见。苏时学的诗学成就,得到了时人与后人的肯定、推

● 苏时学《宝墨楼诗册》，清咸丰十一年（1861）刻本（广西桂林图书馆藏本）

评。民国间陈柱评论苏时学的诗，称其"甚俊逸，有子瞻气度"。王德明《广西古代诗词史》称："苏时学虽然学问广博，是著名的学者，但并没有掉书袋的陋习，他的诗基本是以感兴为主，注重情感的表达，比较集中地表现了个人的感受，真实感人，感慨深沉，有较强的感染力。而且体裁多样，风格不一，博采众长，不主一家。想象比较丰富，艺术技巧成熟。这在广西当时的诗人中是不多见的。"

王拯《龙壁山房文集》《龙壁山房诗草》《茂陵秋雨词》《瘦春词钞》

王拯（1815—1874），原名锡振，后因服膺包拯而更名，字定甫，一字少鹤，别号龙壁山人，广西马平人，原籍浙江山阴。

王拯幼年即丧双亲，由寡姊一手抚养长大。道光十七年（1837）举人，道光二十一年（1841）进士。授户部主事，充军机章京，累迁大理寺少卿，同治三年（1864）迁太常寺卿，署左副都御使，随即又迁通政司通政使。后因言事见忌被劾。晚年主讲于桂林榕湖经舍、秀峰书院。

王拯是19世纪中叶广西著名的古文家，与吕璜、朱琦、龙启瑞、彭昱尧并称"岭西五大家"，是清代后期桐城派的重要代表之一。除古文之外，王拯亦"兼工诗词"，与龚自珍、姚燮等词学名家并称"后十家"，与龙启瑞、苏汝谦并称"粤西三家"。此外，王拯在史学、书画艺术等领域也有较高的造诣。王拯的古文与诗词等文学作品主要收集在《龙壁山房文集》《龙壁山房诗草》《茂陵秋雨词》和《瘦春词钞》中。

王拯在文学上的成就是多方面的，古文诗词皆善，而古文尤其令人称道。王拯早年丧双亲后，在寡姊的抚养下，先后受教于塾师秦昌岐、广西学政池生春和"岭西五大家"之首的吕璜，从而步入桐城古文领域。王拯中进士后在京做官，又与当时的文坛领袖梅曾亮相师友，还与许多古文领域的名士大家如朱琦、祁寯藻、龙启瑞、孙衣言、曾国藩等交往甚密，相互切劘，所学日益精进，他也开始声名大著。

王拯的古文创作体裁多样，内容广泛，《龙壁山房文集》收录了他的政论、序跋、书札、传状、哀辞、游记等各种体裁的文章百余篇。这些文章在内容、形式和思想、技巧等方面，有不少可圈可点之处，得到了时人和后人的推崇赞誉。孙衣言《书王定甫集后》称"其为文虽谨守归方氏家法,而雄直有气,能自达其所欲言"。钱基博在《读清人集别录》中对王拯的古文给予了较为中肯的评价,"虽词笔未臻洁净精微,而气调则颇倜傥岸异,在唐宋八家中,气体于柳子厚、苏东坡为近;特为子厚之警遒,而无其雅练;敩东坡之议论,面逊其疏快;而亦时喜为闲情眇状,以为归氏学史之遗,而意味不深长辞趣不隽永"。张舜徽《清人文集别录》也称王拯的古文"其精者仍在记事之文,简净有法,论说则非其所长"。

王拯在诗词上也有较高的成就,在晚清的诗坛、词坛中都占有一席之地。他的诗"上规六朝,下橅宋人,以盘礴新奇示异","多抚时感事之作,音节凄怆,如哀筬晓角",其中有一些反映社会历史现实的诗作,如《书愤》《拟古十二首》等,表现出诗人深

● 王拯《龙壁山房文集》,清光绪九年(1883)刻本(广西桂林图书馆藏本)

切的忧国忧民情怀,徐世昌称其"不愧一朝诗史"。王拯的词大多是"病余之所作""聊以宣幽导郁",故基调缠绵清远,悲凉凝重,有浓厚的家园身世之感。杜文澜《憩园词话》称:"细读其词,如食哀家梨,甘而能脆,有幽瘦者,宜以哑觱栗吹之,足为金梁梦月替人。"

总的来说,王拯自负才华,古文诗词各方面佳作颇多,文学上的成就在广西历史上占有重要地位,但是由于他的家世遭遇了多次不幸,中进士后长期居官京师,接触现实生活的层面较为有限,为官政绩亦乏善可陈,因而诗文作品表现出来的境界视域略显狭隘。刘声木称王拯"在粤西诸子中可以肩随彭昱尧、龙启瑞,微不逮朱琦",袁行云也称"岭西五家中,尚不逮朱琦,而较吕璜、龙启瑞、彭昱尧为胜耳"。

张凯嵩《杉湖十子诗钞》

张凯嵩(1820—1886),湖北江夏(今武昌)人,字云卿,又字月卿,道光二十五年(1845)进士,在广西历任知县、知府、道台、按察使、布政使等职,同治元年(1862)擢广西巡抚,同治六年(1867)擢云贵总督。张凯嵩在广西任职二十余年,熟悉广西地方事务,且留意于广西地方文献,在广西巡抚任上着手编纂了《杉湖十子诗钞》。

卷首张凯嵩所撰《杉湖十子诗钞序》,详细叙述了道光年间广西桂林诗坛的盛况,并交代了辑刻此书的目的和过程。他说:

"余之钞诸君诗,虽未必藉以传于世,然亦足以使世之读者于兹先睹,可得其概……他日考粤西文献,论诗教者,必有取焉。"他有意识地保存了一批优秀的广西诗歌作品,为以后的研究者提供了足资征信的史料,可谓用心良苦。张凯嵩编纂《杉湖十子诗钞》,在确定"十子"的具体人选时,并无十分严格的取舍标准,"十子"或生长于桂林,或长期在桂林供职,但在编纂此书时皆已故世,故当时尚在世的郑献甫、王拯等著名文人则未入选。张凯嵩在这部诗集开雕之后,听从了王拯的意见,才加入黄锡祖、商书濬、曾克敬三人的诗作,"杉湖十子"之名也是临时所取,并非事先的想法。张凯嵩在卷首的《序》中述及了此书命名的由

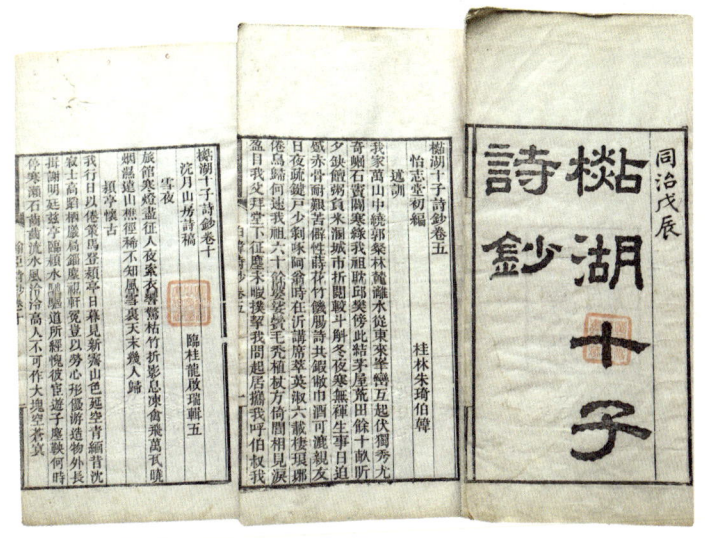

● 张凯嵩《杉湖十子诗钞》,清同治七年(1868)刻本(广西桂林图书馆藏本)

来,"夫粤人诗岂尽于此?即此数子亦不尽为粤人,然皆生长或老死于其间,如小韦(李宗瀛)、澹仙(赵德湘)虽侨家,实粤产也,故题曰《杉湖十子诗钞》","杉湖十子"即因此书的刊行面世而得名。

《杉湖十子诗钞》辑录了清代道光年间十位广西文人和寄籍或流寓于桂林的外省文人创作的一些诗歌,是继《三管英灵集》之后又一部重要的广西诗歌总集。全书分别收录汪运《沐日浴月盦集》(又名《剑峰诗钞》)一卷、杨继荣《柳塘诗存》(又名《柳塘诗钞》)一卷、商书濬《存恕堂遗稿》(又名《麓原诗钞》)一卷、曾克敬《芷潭诗遗》(又名《芷潭诗钞》)一卷、朱琦《怡志堂初编》(又名《伯韩诗钞》)五卷、龙启瑞《浣月山房诗稿》(又名《翰臣诗钞》)二卷、彭昱尧《致翼堂遗稿》(又名《子穆诗钞》)三卷、李宗瀛《小庐诗存》(又名《小庐诗钞》)五卷、赵德湘《丽泽堂诗存》(又名《澹仙诗钞》)二卷、黄锡祖《香圃诗遗》(又名《香圃诗钞》)一卷,共计二十二卷。

"杉湖十子"之中,朱琦、龙启瑞、彭昱尧三人皆名列"岭西五大家",是晚清广西桐城派的重要代表人物。汪运、商书濬、朱琦、龙启瑞四人同为临桂人,曾克敬为平乐人,彭昱尧为平南人,杨继荣为浙江山阴人,黄锡祖为湖北汉阳人,李宗瀛为江西临川人,赵德湘为江西南丰人,李、赵二人皆出生于广西。《杉湖十子诗钞》中保留了他们众多的文人唱和、吟哦山水的诗篇,格调雄浑,措词俏丽,想象丰富,情景交融,读来畅快淋漓,正如张凯嵩《序》中所称:"读诸君诗,崭然如见此邦山水之奇,使人几不复忆壮游五岳,吁其胜哉!"此外,《杉湖十子诗钞》中还有许多慷慨激昂、沉郁厚重的诗作,或关心民生疾苦,或反映重大历史事件,如朱琦的《咏古十首》《感事》,李宗瀛的《哀荔浦》《流民叹》,赵德湘的《全州谣》《喜闻官军收复虎门》等,这些诗篇的风格与杜甫相似,有浓郁的历史厚重感。钟文典先生主编的《广西通史》和《桂林通史》在述及"岭西五大家"和"杉湖十子"时,对他们的文学成就给予了高度评价,认为他们"极大地丰富了近代广西文化,也是近代广西文学步入鼎盛时期的重要标志,在晚清的中国文坛也具有一定的地位",这一评价无疑也是十分中肯的。

韦丰华《今是山房吟草》

韦丰华(1821—1905),原名地灵,字光斗,号剑城(一作剑成),一号拙甫,别号大鸣山散人(一作大明山散人),广西武鸣县人。出身于书香门第,祖父韦有纲、父亲韦天宝分别得中举人、进士。韦丰华一生追求科举功名,前后十余次参加乡试,一次进京选拔,始终未中,仅以拔贡终身。同治五年(1866),在家乡创办琴泉义学,并执教11年,光绪二年(1876)任县岭山书院山长,掌院十余年。此后,又分别执掌思恩府学8年,执掌府属阳明、西邕书院多年,直至80岁高龄始辞馆回乡,对地方人才培养贡献极大。还曾积极参与地方建书院、修文庙、兴蚕桑等事。因功被赏六品顶戴,保举以知县优先选用,是武鸣地方有名的乡绅。

　　《今是山房吟草》是韦丰华生平诗作的集成，是其一生经历、思想的记录。其中的许多诗歌，对个人的遭遇，如科第仕途的失意、生存的艰难等，给予了生动的展现。从中可以了解那个年代下层知识分子坎坷的一生。令人注目的是，诗集录诗 1000 多首，涉及科考者竟达数百首。韦丰华一生致力于科举，十数次乡试皆落第而归，屡试屡败，失望、苦闷之极，有许多诗句抒写怀才不遇的怨愤。他 73 岁时，仍有"怪我名场心未浍，梦魂犹在棘围中"之句，可见耿耿于心，科举是其挥之不去的情结，追求功名成为他生命的一部分。

　　韦丰华描写人民苦难生活一类的作品，有较深远的社会意义。如他中年时，到宾阳参加"科试"，目睹农村凄惨凋残的景象，写下《宾阳即目书感》，诗云："蒿目愁如织，鲜民不忍看。啼饥悲载道，济变思无端。此辈虽为命，伊谁正在官。偏隅兵燹后，何计救凋残？"此时有官府"施粥"，当权者自鸣施恩于民，但他实话实说，直书惨淡现实："连旬粥厂四厢开，鹄面鸠形逐队来。当道争夸恩下逮，依然饿莩半蒿莱。"他关心人民疾苦，诗作关注社会现实，对民生疾苦和社会动乱有较多的反映，这些诗作具有强烈的现实意义。

　　韦丰华还写下了许多反映农民起义的诗作。他敌视农民起义，虽不足取，但诗作记录了地方团练与农民起义武装的长期对抗，客观上为研究近代桂南特别是武鸣一带的农民运动提供了资料。韦丰华诗作中，对今壮族地区风土民俗也多有记录和反映，其中《廖江竹枝词》17 首，描写三月三歌圩盛况，清词丽句，曲尽其妙，既有汉族诗歌传统，又有壮族民歌风味，是这类作品的代表。

在清代广西壮族文人中，韦丰华是较知名、较有影响力的一位，丘振声先生称："韦丰华是继广西大诗人冯敏昌、郑献甫之后壮族的又一位杰出诗人。"其《今是山房吟草》不仅真实记录了他的大半生，包括办团练、教书育人、游历、交往，还生动反映出清末广西特别是桂南社会生活的方方面面，如桂南的教育、桂南文人交往与创作活动、地方团练与农民起义的对抗，以及风土人情等。因此，《今是山房吟草》既是研究韦丰华这位壮族重要诗人不可缺少的资料，也是研究清末桂南社会发展的宝贵资料。

韦懿贞《倚松居烬存草》

韦懿贞，清末永宁（今广西永福）女诗人，其生平事迹史志缺载，现今可据的材料是她自己的诗词集《倚松居烬存草》，从该书的序跋题识及诗词作品中，可以考见其生平大略。

韦懿贞生长于名门，是永宁州学韦知谦的长女，出生于道光年间，少女时期待字闺中，跟随母亲干氏受书习礼，接受传统文化和伦理道德的教育，女红之暇，又喜好吟咏诗词。后来嫁给同乡名士唐鹤轩为继配，相夫教子，侍奉公婆，操持家务，虽然家务繁忙，事事躬亲，但仍坚持诗词创作，兴之所至则伸纸疾书，作品很多。晚年子孙绕膝，尽享天伦，依旧笔耕不辍，乐此不疲。韦懿贞的勤劳贤惠和知书达理，体现了中国女性的传统美德。她一生与诗词结缘，才情不凡，创作亦富，但囿于传统妇德女训，

她平时吟咏诗词大多作成即焚,不以文才自炫,作品极少外传。

现存《倚松居烬存草》一卷为韦懿贞第三子唐开济所辑,于民国初年排印出版。该本为诗词赋合刊,收录韦懿贞所做诗一百余首、词三十九阕、赋两篇。集名《倚松居烬存草》含义有二:"倚松居"是韦懿贞的室名,她青睐四季常青、傲霜斗雪的松树,是她追求坚贞品德的自况,也与她自己的名字"懿贞"相合;"烬存草"则说明该书的由来,意即焚烧剩余的诗稿,李守陶序称:"盖赋性执拗,不欲以诗词自炫掩其妇德,每一篇成辄就焚之,此则经圃昆季所窃录者,故曰'烬存'也。"

韦懿贞一生生活较为宽裕,无衣食之忧,婚姻幸福,家庭美满,且享高寿,诗词创作的时间跨度很大。李良年序称:"幼而习礼,老尚耽诗。"后人称赞她这种不息的诗词创作热情,"不徒俯视巾帼,直欲压倒须眉,堪称广西最杰出的文学女性之一"。韦懿贞不但诗词创作时间跨度大,而且作品数量多,虽然她创作时往往作成即焚,作品极少示人,但保留在《倚松居烬存草》中的诗词数量,仍是清代广西女文人存世诗词作品中最多的。

韦懿贞喜吟咏,工诗词,但她不像其他诗人那样往往流连光景、感喟身世、酸人心目,而是"温厚和平,不事雕琢,偶有感触亦只如情而止,无怨诽过当之言,深合诗人之旨"。她在七言律诗《自叙》中写道:"回首重闱静课诗,嬉游深悔少孤时。敲棋赌绣兰闺约,辜负韶华不自知。闷来呆坐醉如愚,弄月吟风聊自娱。才浅怨深应莫笑,俨教鱼目混明珠。"可见她诗词创作的初衷是为了"解闷""自娱""抒怨",而不是为了自炫其才,并不刻意追求诗词作品的保存流传。

　　由于生活范围和人生阅历所限，韦懿贞诗词创作的视野相对较为狭窄，所表现的题材大多是日常生活和身边琐事，《倚松居烬存草》的诗词内容多为写景、咏物、悼亡、唱和、纪游之类。但诗人以女性特有的视角和细腻的心理来感知周围的世界，"故所吟咏的各种事物都带上了自己的感情色彩，寄托了作者自己的人格，感情细腻、丰富，描写仔细，温厚和平，不事雕琢是她作品的特点"。韦懿贞的诗词大多清新俊逸，风格与《花间集》和李清照相近。顾绍柏评价韦懿贞的诗词称："虽说遵从封建时代妇德，但究竟在一定程度上冲破樊篱，将所思所见形诸笔墨，从而在客观上丰富了近代广西女性文学。"

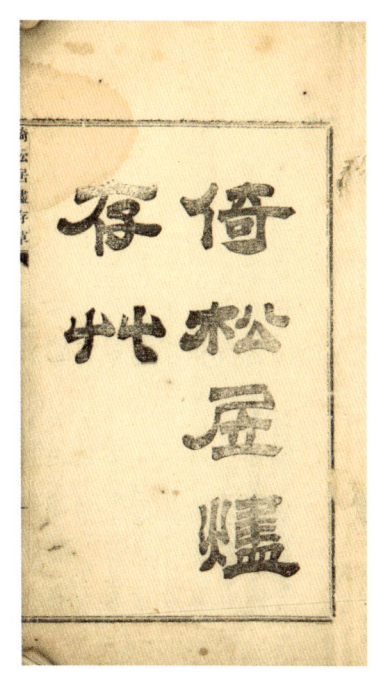

● 韦懿贞《倚松居烬存草》，民国元年（1912）铅印本（广西桂林图书馆藏本）

王鹏运《半塘定稿》

王鹏运（1849—1904），字佑遐，一字幼霞，自号半塘老人，又号鹜翁，晚年号半塘僧鹜，广西临桂人。同治九年（1870）举人，先后任内阁中书、内阁侍读学士，光绪十九年（1893）授监察御史，升礼科掌印给事中。居谏垣十年，抗直敢言，弹劾无所规避，尤以甲午之战时三争和议，上书拒和而闻于朝。政治上倾向维新变法，屡代康有为上疏。又列名京师强学会，奏请讲求商务、开办矿业以求"民生自富"，请开京师大学堂等。戊戌政变起，虽获自保而终怀郁郁。二十六年（1900），八国联军入侵北京，与朱祖谋、刘福姚集宣武门外寓宅，填词以寄悲愤，成《庚子秋词》二卷。晚年在扬州主讲仪董学堂。光绪三十年（1904），病逝于苏州。

王鹏运一生最显著的事业在于词学，与郑文焯、朱祖谋、况周颐合称为"晚清四大家"。他在词论方面提倡"重、拙、大"之说。王鹏运又精校精刻五代及宋金元人词别集、总集及词学著作数十种，成《四印斋所刻词》《宋元三十一家词》等，龙榆生称"自鹏运以大词人从事于此，而后词家有校勘之学"，严迪昌在《清词史》也称"词家有校勘之学，始自王鹏运"。他对晚清词坛倡导尤力，贡献甚巨，声望特高，被誉为"晚清四大家"之冠。

《半塘定稿》是王鹏运词作的精选集，为王鹏运晚年亲自编选。王鹏运的词集较多，版本较为复杂，刻印者曾有七稿九集，包括乙稿《袖墨集》《虫秋集》、丙稿《味梨集》、丁稿《鹜翁集》、戊稿《蜩知集》、己稿《校梦龛集》、庚稿《庚子秋词》《春蛰吟》、辛稿《南潜集》，总名《半塘词稿》。光绪三十年（1904），王鹏运客居扬州时，从七稿九集中精选139首，厘为二卷，统名《半塘定稿》，交付好友朱祖谋在广州出版，光绪三十一年（1905）《半塘定稿》刻成，此时王鹏运已去世一年。朱氏以为汰选太严，又从《袖墨集》《虫秋集》《校梦龛集》《南潜集》中选词55阕，汇为一卷，题名《半塘剩稿》，附于《半塘定稿》之后，于光绪三十二年（1906）印行。

　　王鹏运一生填词700多首，但其删定的《半塘定稿》仅收词139首，38岁以前的习作几乎没有入选，可见删定之严谨。可以说，王鹏运自选《半塘定稿》及朱祖谋所选《半塘剩稿》，大都是王氏精粹之作，有着积极的思想内容，或慷慨激越，或深沉悲凉，常把自己壮志难酬与国运日衰联系在一起。其词风含蓄典雅，婉转而不柔靡。朱祖谋于序

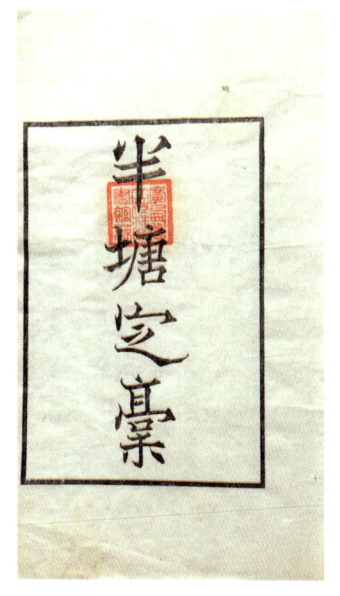

● 王鹏运《半塘定稿》，清光绪三十一年刻本（广西桂林图书馆藏本）

中云:"君天性和易而多忧戚,若别有不堪者。既任京秩,久而得御史,抗疏言事,直声震内外。然卒以不得志去位。其遇厄穷,其才未竟厥施。故郁伊不聊之概,一于词陶写之。"钟德祥序云:"今再读其遗词,幼眇而沉郁,义隐而旨远,膈臆而若有不可于名言。盖斯人胸中别有事在,而荦然不能行其志也,与仆同脱,幼霞能稍濡忍事,或未可知,乃决然佗傺以去,宁流落至死,一瞑而不视,岂非慷慨扼腕、独立不屑之士也欤?"

况周颐《蕙风词话》

况周颐(1859—1926),原名周仪,1909年以避清宣统帝溥仪讳,改名周颐,字夔笙,一字揆孙,别号玉梅词人,晚号蕙风词隐,广西临桂人。出身于书香世家,自幼天资颖慧,光绪五年(1879)举人。光绪二十一年(1895),因任会典馆纂修时成绩卓著,被清廷"叙用知府,分发浙江",离京南下,候缺补用知府,从此滞留江南,先后住过扬州、常州、苏州、南京,并到过湖北、四川等地,过着漂泊的生活。其间曾入湖广总督张之洞、两江总督端方幕府。还曾执教于武昌白岩书院、常州龙城书院和南京师范学堂。1911年辛亥革命后,以清遗老自居,寄迹上海,鬻文为生。1926年病逝于上海。

况周颐于学无所不窥,涉猎极广。书画、杂文、金石、考据、搜逸辑佚等均有建树。成就最著为词,以词为专业,致力50年,为晚清著名的词人和词学家。与王鹏运、朱祖谋、郑文焯合称为

"晚清四大词人",与同乡王鹏运共创"临桂词派"。尤精于词论。《蕙风词话》是况周颐晚年的作品,是他对自己一生词学的总结。全书五卷,用随笔形式写成。卷一61则,卷二102则,卷三79则,卷四42则,卷五41则,合325则,卷帙在清人词话中可称闳富。每则少者十余字,多者达千百来字,内容极为丰富,大致可分为四方面:(一)词学理论,主要阐明他和王鹏运主张的"重、拙、大"的理论(王鹏运的词学理论,他自己写出来的不多,主要通过况周颐来阐发,通过《蕙风词话》保存下来);(二)填词方法,主要有填词的程序、注意要点、声律论述等;(三)对历

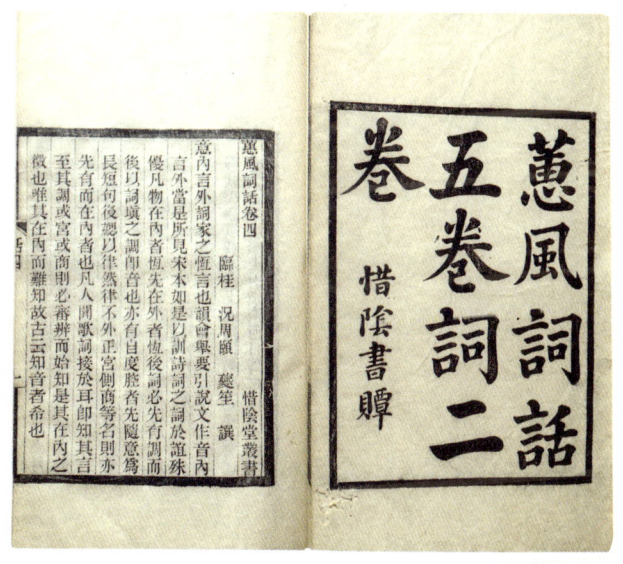

● 况周颐《蕙风词话》,民国十四年(1925)武进赵氏惜阴堂刻本(广西桂林图书馆藏本)

代词家及其作品的批评；（四）文坛掌故。

况周颐生前撰写词话多种，《蕙风词话》是在其先前诸种词话、随笔旧著的基础上增删整理而成。《蕙风词话》对此前词话的删改主要体现在两个方面：第一，取舍。况周颐先前的各种词话，内容多是读书思考的即事即时语录，有一个共同的特点，即随记随编，无主题、无次序，这也是宋代以来词话著作的普遍特点。而《蕙风词话》则有了很大的改变，在其编撰时已确定了主题思想和价值期待，即赵尊岳《蕙风词话跋》所言"昭示学者致力之途""补救时流之偏弊""令人易晓而习焉者"。第二，改动。《蕙风词话》是况周颐晚年的著作，较之其早期词话在词学理论和词学思想上必然有所发展和变化，因而先前的词话在辑入《蕙风词话》时，部分内容有所修改。如将言辞激烈者改得较为平缓，褒贬太过者进行了调整。或立论更为稳妥，或进一步议论生发，较之旧词话有所改善。应该说，《蕙风词话》无论在采用旧有资料时，还是重新添写时，融入了学理结构的思考和编排，经过了审慎的加工处理，一改过去各种资料东鳞西爪、零碎杂乱的模样，使之富有体系和理论色彩。蔡嵩云《柯亭词论》称："其《蕙风词话》五卷，论词多具卓识，发前人所未发。"

《蕙风词话》是晚清著名的词学理论著作，与王国维的《人间词话》有"双璧"之誉，又与陈廷焯的《白雨斋词话》被誉为"清末三大词话"，对中国词学史、中国文学史和中国文论史的发展都有极其重要的影响和作用。朱祖谋曾称誉这部词话，"自有词话以来，无此有功词学之作"。

赵炳麟《赵柏岩集》

赵炳麟（1876—1932），原名浙杭，又名长乐，字竺垣，一字炳粤，号养真子，晚号清空居士，又号柏岩，广西全州人。光绪十七年（1891）举人，光绪二十一年（1895）进士，选翰林院庶吉士，光绪二十四年（1898）散馆，授编修。光绪三十二年（1906）任监察御史，历掌福建、江苏、京畿各道，"遇事敢言，弹劾不畏权贵，号铁面御史"。光绪三十四年（1908）调资政院协理，出资刊印全州乡贤谢济世的遗著《谢梅庄先生遗集》，偕给事中陈田奏劾袁世凯"包藏祸心"，袁世凯遂以足疾罢归。宣统二年（1910）奏劾庆亲王奕劻，为权贵所忌。次年奕劻出任内阁总理大臣，赵炳麟遭倾轧以四品京堂候补回籍督办桂全铁路，事未成，授广西宣慰使，固辞不受。民国初年两次当选国会议员，后避居故里。1917年赵炳麟为避战乱，应阎锡山之邀，出任山西省实业厅厅长。1925年离晋赴京养病，1927年病逝于北京。

　　赵炳麟是清末民国年间广西的著名士人，在史学、诗歌、古文等领域都很有成就，生平著述颇丰，是"近代粤西著述最丰的少数文化名人之一"。1922年，赵炳麟在山西实业厅厅长任上将自己生平的著述结集出版，并请赵启霖题写书名，即山西太原潜并草堂铅印本《赵柏岩集》，计十三种四十一卷，分十五册线装，首册卷首有《赵柏岩集总目录》，以《庭训录》冠于诸稿之首。《庭训录》一卷，赵润生撰，赵炳麟辑，内容主要是赵炳麟生父赵润生所撰家书。《庭训录》以降，为赵炳麟所撰《光绪大事汇鉴》

十二卷、《宣统大事鉴》一卷、《汇呈朱子论治本各疏》一卷、《兴亡汇鉴》一卷、《谏院奏事录》六卷、《柏岩文存》四卷、《潜并庐杂存》二卷、《柏岩诗存》四卷、《柏岩联语偶存》一卷、《潜并庐诗存》二卷、《柏岩感旧诗话》三卷、《潜并庐诗存初续》三卷。

《光绪大事汇鉴》和《宣统大事鉴》是《赵柏岩集》中最具史料价值的历史著作，在晚清史中具有较为典型的意义。二者以编年的形式，较为集中地记述了清末光绪、宣统年间的重大历史事件，包括中法战争、中俄伊犁之议、中日甲午战争、戊戌变法、义和团运动、八国联军侵华、预备立宪、摄政王执政、武昌起义、清帝退位，等等。这些历史事件大多为赵炳麟亲历亲闻，他除了大量征引诏令、奏疏等第一手资料外，还记载了许多事件的细节脉络，可补正史之缺。

《汇呈朱子论治本各疏》与《兴亡汇鉴》合一册，前者为光绪末年赵炳麟"奏请勤求帝学"，将"朱熹奏疏关系治本者，节其要而择其精，汇辑为书"，并在每篇奏疏后面附上按语加以阐述；后者为宣统元年（1909）赵炳麟奉旨进讲《皇朝文献通考》《先正事略》，为此而编辑的一部讲义，共十篇，分别从用人、行政、纲纪、政事、财政、军事等方面阐述"我朝之所以得及前明之所以失"的兴亡之理。

《谏院奏事录》主要收录了赵炳麟在京任监察御史期间所上奏疏，"集中劾奕劻、袁世凯二疏，颇为时重"，还有《论陕甘路政疏》《筹辽备倭疏》《密陈管见疏》《论桂邕铁路片》《密陈外交大计疏》等奏疏，眼光独到，深切时局，揭露了俄、法、日的侵略野心，力主练兵布防保卫边陲，倡导兴修铁路实业救国，尤为世人称道。

《柏岩文存》及《潜并庐杂存》，收录光绪二十一年（1895）赵炳麟中进士以后至担任山西实业厅厅长期间所撰文章，内容十分广泛，有策论、札记、序跋、游记、书信、传记、墓志、寿序、演讲词、讲义等。赵炳麟从小跟随父亲赵润生读书，中进士后又成为理学名臣徐桐的门生，他十分重视理学的社会功用，试图通过提倡理学来挽救"欧风东渐，旧学凌夷，世道衰微，人心陷落"的颓局。在古文创作上，他注重义理、考证、辞章相结合，主张经世致用，不空谈义理，在古文风格、技巧等方面都深受桐城派的影响。

《柏岩感旧诗话》载诗话五十余则，采用因事存诗、因诗纪人的方式，记述了清末民初的许多轶闻趣事，涉及戊戌变法、辛亥革命、袁世凯称帝等历史事件，颇多可采之处。

《柏岩诗存》《柏岩联语偶存》《潜并庐诗存》《潜并庐诗存初续》，主要收录了赵炳麟光绪二十年（1894）以后各种体裁的诗作和对联，涵盖写景、述怀、酬唱、咏史、题赠等诸多方面。赵炳麟的诗作风格与近代诗坛的岭南诗派相仿，多咏叹古今，指陈得失，有鲜明的时代烙印。赵炳麟作诗多取法杜甫和白居易，表现出强烈的救世意识和爱国情怀。这些诗作对于考察清末民国年间的社会历史状况和士子文人的思想风貌等方面有着重要的参考价值。

屋力微大三
歐碎化獁翁
迷微到貧微
提批楞江利
提批楞江那
玉告業不得

力微桑高庫
歐福微獁波
至火到貧火
勞㷋利敢哥
勞㷋那王帝
皇告迷剖不利

广西少数民族
文字典籍

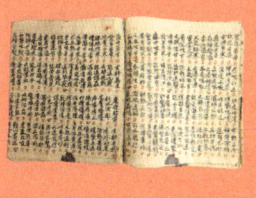

广西少数民族文字典籍概况

广西的少数民族古文字

广西是一个多民族聚居的自治区。广西之得名,始于宋代。宋初在全国设十五路,广西属广南路。宋元丰年间(1078—1085),分广南路为东西两路,今广西属广南西路,又称广西路,这便是广西得名的开始。广西简称"桂"。"桂"的来历,是因秦始皇于公元前214年统一岭南后,将其地置南海、桂林、象三郡,其中桂林郡的全部属地在今广西境内。

广西历史悠久,是远古时代人类活动的中心之一。已发现重要的旧石器时代人类化石中有距今约5万年的柳江人化石,距今约3万年的麒麟山人化石等。新石器时代,原始人群已遍布广西各地,已发现桂林甑皮岩、资源晓锦、柳州鲤鱼嘴、南宁豹子头、邕宁顶蛳山、平南石南海、那坡感驮岩等900多处新石器时代遗址。先秦时期,广西的主要居民被称为西瓯、骆越,他们是壮侗语族诸民族的先民。这一时期,中原与包括今广西在内的岭南地区就有了交往。秦王朝在岭南设立桂林、象、南海三郡，进一步加强了汉族与岭南西瓯、骆越的交往融合。

长期以来，壮、汉、瑶、苗、侗、仫佬、毛南、京、回、彝、水、仡佬等12个世居民族在八桂大地上和睦相处、生生不息，共同守护南疆的安宁稳定，并创造了灿烂多姿的民族文化。在广西，除汉族和回族使用汉语外，其他民族都有自己的民族语言，有的民族在历史上创制了自己的民族古文字。由于政治、经济、社会、人口、文化等综合因素的差异，有的民族的古文字自成体系，造字方法和文字结构相对成熟；有的民族未形成成体系的文字，但自造了很多不同于汉字的文字，一般称为土俗字。目前，广西有4种学术界公认的民族古文字：壮族古壮字、京族喃字、彝族彝文、水族水书。这4种民族古文字中只有古壮字至今仍在民间一定范围内使用流传。此外，在环江毛南族自治县有一种毛南族土俗字，用来记录经文和民歌，但这些文字数量较少，使用范围也较小。

壮族古壮字

古壮字是在汉字基础上发展创制的一种民族古文字。古壮字最早见于公元682年的广西上林县唐代摩崖石刻《六合坚固大宅颂》和公元697年的《智城碑》，后来宋代的庄绰《鸡肋编》（卷下）中举例谈到了古壮字，宋代范成大著《桂海虞衡志》、周去非著《岭外代答》，以及一些地方志对古壮字都有较多记载。据

此，学术界一般认为古壮字创制于唐代，兴于宋代。它是壮族知识分子仿效汉字构字方法，结合壮语语音特点，通过把汉字偏旁部首增减、组合创造的新文字，如把形旁"人"和声旁"云"组合成"伝"，指人；形旁"天"和声旁"云"组合成"峜"，指天；声旁"那"和形旁"田"组合成"𬒈"，指田；形旁"牛"和声旁"不"组合成"怀"，指水牛，等等。古壮字主要由壮族的麽公、师公、道公、歌手等民间艺人使用流传，用于抄录经书，创作民歌，记录契约文书、族谱、药方、碑刻、地名等，至今仍在使用。

● 壮族古籍中的古壮字

古壮字选例					
古壮字	鸟	鸟	怀	夘	来多
今壮文	roeg	bit	vaiz	sai	lai
标音	γok^8	pit^7	$wa:i^2$	$\theta a:i^1$	$la:i^1$
汉义	鸟	鸭	水牛	男	多

京族喃字

喃字，又称字喃，是我国京族使用的文字，是从汉字发展而来的一种民族文字。喃字大约创制于6世纪，是利用汉字及其部首，通过假借、形声、会意等方法创造的文字。如表示京语的"年"，喃字是在意符"年"右边加声符"南"，音近南，写作"𫇰"，是一个形声字。字喃主要用于记录京族的歌谣、谚语、传说故事和经书，现流传的古籍稀少。

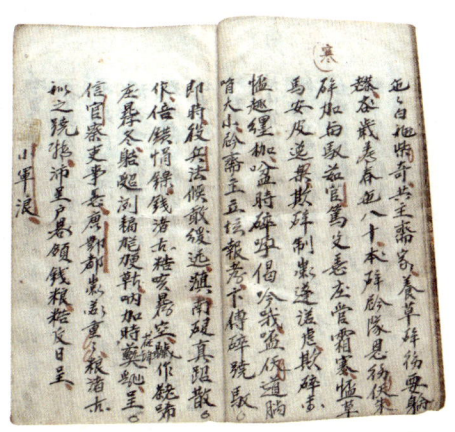

● 京族古籍中的喃字

彝族彝文

彝文是一种原生文字,不借助汉字或其他文字,流传于滇、川、黔、桂四省区部分彝族聚居区。汉文史书称彝文为"夷字""爨文""韪书""蝌蚪文""倮倮文""毕摩文"等。中华人民共和国成立后,随着族称规范,统称为彝族文字,简称为彝文。关于彝文起源,民间有英雄创造说,有天神创造说。有一种说法认为彝文是为民间信仰需要而创制的。还有一种是模仿说,认为彝文是模仿自然界某一种实物而成。彝文的产生年代,一般说法是产生于汉代或更早一些。彝文是表意文字,一个字形代表一个意义,文字总数达10000多字,常用字有2000多字。彝文因方

● 彝族古籍中的彝文

言差异大,各地的书写习惯不尽相同。广西的彝文书写是自上而下成行,多数自左而右成篇。目前,广西仅在百色市隆林各族自治县发现有彝文古籍流传。

水族水书

水书是水族祖先创制的文字,水语称为"泐睢",译成汉文是"水字""水文",俗称"水书"。水书创制年代尚无定论。按构字方法,水书分三种类型:一是象形字,主要以花、鸟、虫、鱼等自然界中的事物,以及一些图腾物如龙等作为参照描绘成的符号;二是仿汉字,即汉字的反写、倒写或改变汉字字形的写法

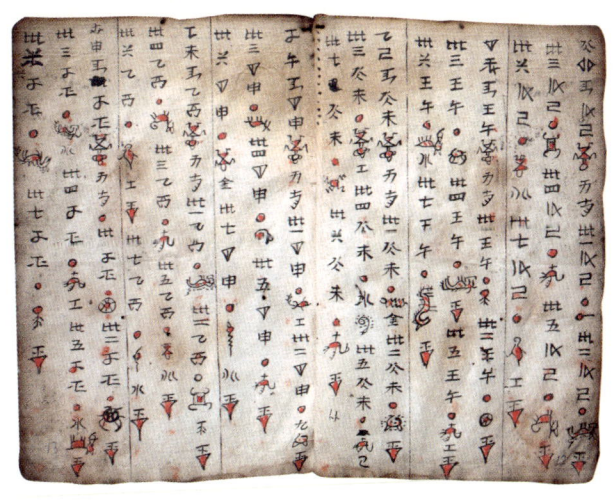

● 水族古籍中的水书

而写成的字,有的类似甲骨文、金文;三是民间信仰文字,即表示水族民间信仰的各种符号。2002年3月,水书被列入首批中国档案文献遗产名录。2006年6月,水书入选首批国家级非物质文化遗产名录。由于水族人口较少,过去在广西河池市南丹县、宜州区曾有水书流传,但至今在广西尚未搜集到水书古籍。

毛南族土俗字

毛南族土俗字来源于汉字,是毛南族民间根据毛南语的语音特点,将汉字及其偏旁部首重新组合而成的一种民族文字。其创制时间不详,主要由毛南族师公、道公和歌手使用,用于抄写经书、创作民歌、记录文书等。2009年6月国务院公布的第二批《国家珍贵古籍名录》列入了3部用毛南族土俗字抄写的古籍。

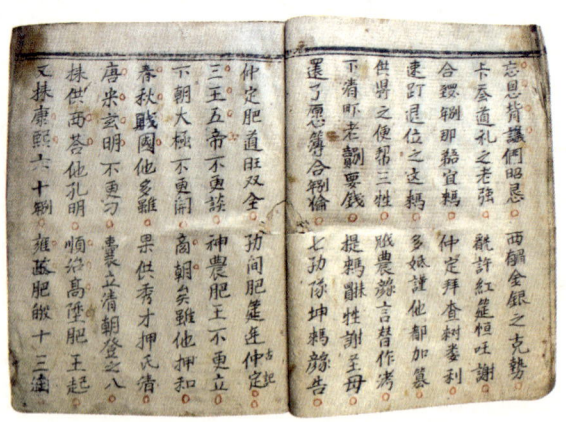

● 毛南族土俗字

少数民族典籍的界定

少数民族典籍，指各少数民族在历史上形成的文献典籍和碑刻铭文及口头传承资料等，其内容涉及政治、经济、哲学、法律、历史、宗教、军事、文学、艺术、语言文字、地理、天文历算、医学等领域。

根据记载的方式，少数民族典籍主要分为两大类：一是有文字类，二是无文字类。有文字类的典籍包括：少数民族文字及少数民族古文字记载的文献典籍和历史文书，用汉文记载的有关少数民族内容的古代文献典籍，用少数民族文字和汉文记载的有关少数民族内容的碑刻铭文。无文字类的典籍主要是指少数民族在历史上口头传承下来的具有历史和文化价值的各种资料，大多反映本民族的民族起源、历史变迁、风土人情、生活习俗、民族性格，主要有神话、史诗、传说、故事、歌谣、谚语、谜语等。本书所述的少数民族典籍，特指少数民族古文字记载的文献典籍。

根据载体的不同，少数民族典籍分为四大类，即书籍类、铭刻类、文书类、讲唱类。书籍类指各少数民族在历史上形成的具有古典装帧形式的书册；铭刻类指石碑、摩崖石刻、墓志、木刻、金属刻等；文书类指告示、契约、函告、账单、抄件、执照、规约等；讲唱类指各少数民族民间口头传承的有关民族起源、迁徙等具有历史文化价值的神话、传说、故事、歌谣等。

在时间下限方面，少数民族典籍的时间范畴原则上以1911年为下限，但由于各民族的历史特点和典籍存世情况的差异，根

据各民族的实际情况,有的少数民族典籍可以延伸到1949年。

综上可知,相对汉文典籍,少数民族典籍在概念、文字类别、记载载体、时间下限等方面均有差异,这既反映了各民族之间历史发展进程的差异性,又反映了中国各民族文化的多样性。

广西少数民族文字典籍的种类

少数民族文字的创制给少数民族聚居区的社会交流带来了便利,促进了文化的发展繁荣。以古壮字为例,有关民间使用"土俗字"情况的记载多次出现在历代典籍铭文中。广西上林县唐代永淳元年(682)摩崖石刻《六合坚固大宅颂》和唐代神功元年(697)《智城碑》,都镌刻了若干个记录壮语读音的"异体字",这是壮族文人留下的最早的文字,也是迄今发现的使用古壮字最早的文献,说明唐代初期古壮字已经得到民族上层文人的认可。

到了宋代,古壮字有了进一步的发展,从上层推广到了民间。宋代范成大著《桂海虞衡志》中载:"俗字,边远俗陋,牒诉券约专用土俗书,桂林诸邑皆然。"意思是说,在桂林一带的边远乡村,老百姓普遍用土俗字撰写讼牒文书。在书中,范成大还记录了多个土俗字的形音义,如:𡟥(音矮),不长也。閫(音稳),坐于门中,稳也。𡘊(亦音稳),大坐,亦稳也。伆(音媚),小儿也。奀(音动),人瘦弱也。歪(音终),人亡绝也。㝵(音腊),不能举足也。妱(音大),女大及姊也。岙(音勘),山石之岩窟也。闩(音檁),门横关也。从这些字例的记音和含义可

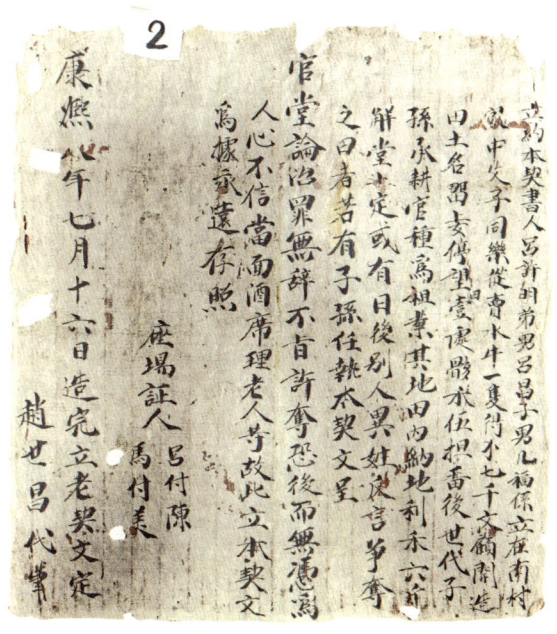

● 文书中的古壮字

看出，宋代时期古壮字已经发展到比较成熟的阶段，当时在民间使用已经相当广泛。"余阅讼牒二年，习见之"，连范成大也习以为常了。

少数民族古文字的创造、使用和流传，为各民族人民交流思想、表达情感提供了更便利的工具，对记载民族历史、传承民族文明、加深民族认同、推动民族文化发展以及丰富和发展多元一体的中华民族文化发挥了不可替代的作用，并由此留下了种类丰富、数量可观的文献典籍。

民歌类

广西是西瓯、骆越故地,各民族"自古尚歌好歌"。西汉史学家、文学家刘向在其《说苑》一书的《善说》篇里记录了一首《越人歌》,当时的越人译文为:

今夕何夕兮,搴洲中流。今日何日兮,得与王子同舟。蒙羞被好兮,不訾诟耻。心几烦而不绝兮,得知王子。山有木兮木有枝,心说君兮君不知。

这首民歌颇有屈原《离骚》之风,反映了战国时代越人创作民歌的高超水平。当代语言学家中国社会科学院民族研究所韦庆稳通过对《越人歌》语音、词汇、语法的分析比较研究,认为《越人歌》是最早的有文字记载的壮族先民民歌,并把它译为现代汉文:

今晚是什么佳节?舟游如此隆重。船正中坐的是谁呀?是王府中大人。王子接待又赏识,我只有感激。但不知何日能与您再来游。我内心感受您的厚意。

广西各民族"尚歌好歌"的习性造就了广西"歌海"的美誉,广西民歌类典籍数量比重很大,还得益于历史上形成的众多歌圩。潘其旭在《壮族歌圩研究》中初步统计了40个县市642个歌圩场的地名、日期、规模的状况。这些歌圩是人们定期"聚合而歌"的固定场所，多在野外的峒场、坡地、山脚、河边。每年的歌圩日，人们盛装出席，人数多寡不一，有时几百人，有时几千人，有时达万人以上。广西田阳县敢壮山春晓岩歌圩，2005年至2007年每年三月初七至初九日赶歌圩的人数超过20万，蔚为壮观。歌圩一方面是各地歌手赛歌比艺的场合，另一方面是各民族青年男女对唱情歌、依歌择偶的欢乐节日。

● 壮族对歌（李桐摄）

● 嘹歌抄本

正因如此，广西各民族在民歌上才有那么深厚的创造力，留下了众多民歌文献精品。如清初浔州（治所在今广西桂平）推官吴淇主编《粤风续九》，采录有浔州府一带壮、汉、瑶等多民族民歌，全书集汉歌、俍歌、壮歌、瑶歌、杂歌等共121首，它是我国最早的一部多民族歌谣集。难见于史籍、散落在民间的民歌就更不计其数，如广西平果市的壮族《嘹歌》、马山县的壮族《传扬歌》、忻城县的壮族《悲歌》、柳州市柳江区的《壮欢》等，每一类歌唱调都独具特色，版本数量浩繁，难怪广西是"天下民歌眷恋的地方"。

民间信仰经书类

据《广西大百科全书》(民族卷)"壮族民间宗教信仰"条记载,东汉时就先后有道士到容州(今广西容县)都峤山修道,宋代道教逐渐盛行,在桂北、桂南共建道观 27 所。佛教约于东晋时期传入广西,在梧州建有寺庙。广西各民族吸收了道教、佛教文化,在原始信仰的基础上发展成为多元文化融合的民间信仰,产生了麽公、道公、师公、毕摩(彝语,指有知识的长者)、僧公等民间艺人,他们用民族文字创作、记录了大量的民间信仰经典。这些经典根据仪式用途可分为巫经、鸡卜经、麽经、毕摩经、

● 民间信仰经书

师公经书、道公经书等几类,它们融合各民族民间神话、故事、传说、歌谣、寓言等于一体,记载各民族有关开辟天地、创造人类万物、制定仪规、治理天下等内容,反映各民族的宇宙观、哲学观、历史观和伦理观等,成为少数民族文字典籍中内容深邃古朴、版本特色鲜明、语言文字各异的代表性经典。

剧本类

剧本主要是壮族传统戏剧产生的古壮字剧本。壮族传统戏剧是在壮族民间歌舞和说唱技艺基础上产生的综合性民族艺术形式。由于生活环境、方言土语、音乐唱腔和表演风格及伴奏乐器的差异,壮族形成了多种壮族戏剧,大致可分为北路壮剧、南路壮剧、师公戏(又称壮师剧)和吊线木偶戏。壮族自称"布托",意即"土人""本地人",民间习惯把壮剧称为"昌托",即土戏,以别于汉族兄弟剧种。北路壮剧产生于乾隆三十年(1765),主要在广西田林、隆林、西林、百色右江区、凌云、那坡等地流行。南路壮剧形成于道光年间(1821—1850),主要流行于广西靖西、德保、大新、田阳、天等及云南省文山壮族苗族自治州等地区。师公剧又称为壮诗剧、师公戏,是清代在壮族师公举行的法事仪式的基础上发展而来,主要在广西象州、武宣、来宾、贵港、上林等县市盛行。吊线木偶戏因木偶用吊线操作而得名,相传清嘉庆年间已有木偶戏演出,题材主要来自历史小说,流行于广西靖西市、德保县等地。这些壮族戏剧,有的已有200多年的历史,在历代民间艺人的精心传承和不断创新发展下逐步完善，各自形成一套具有乡土特色的音乐唱腔、表演程式，各有上百种传统剧目，为壮族群众喜闻乐见。如北路壮剧《太平春》《文龙与肖尼》《刘二打番鬼》《龙图公案》等，南路壮剧《解臼》《双状元》《双花配》《宝葫芦》等，师公剧《莫一大王》《二度梅》《刘文龙》《拜月记》等，吊线木偶剧《三国演义》《水浒传》《西游记》《穆桂英》等。

由于历史原因和条件所限，壮族戏剧的演出曾长期处于农闲组班和乡间草台活动的状态，多根据观众的需要随请而演，迁移性比较大，并依不同观众的喜好不断加工改编创造，剧本更迭频繁，新来旧弃，能流传下来的老剧本十分稀少，多数都是改编的新剧本。

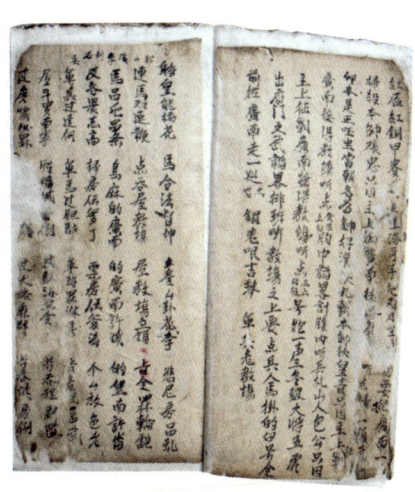

● 壮族戏剧抄本

字书类

字书是识读汉文的工具书。在汉文典籍中,字书属于蒙学杂字类,是平民阶层识字、学文化技能的通俗读物。这类书发轫于汉魏之际,形成于唐代,兴盛于宋元,完善于明清。字书在广西少数民族文字典籍中比较罕见,目前仅见有古壮字传抄的壮族字书,抄写年代多在清代以后,现存的版本有《三千书》《算要三千字》《字学纂要》等数种。字书的体例是以古壮字标注汉字的读音和含义,汉字单排在上,大字体,古壮字注文双排在下,小字体。

● 壮族字书

医药类

地处岭南地区的广西,自古烟瘴弥漫,人们容易患瘴、痧、毒、湿等疾病。在与各种疾病做斗争的过程中,广西各族人民逐渐形成了独特的医学理论和诊疗手段,其中壮医流传有古壮字医书。据《广西大百科全书》(民族卷)"壮族医"条:"壮族民间传统医学简称壮医,萌芽于先秦时期,中经汉魏六朝的发展,约于唐宋之际形成草药内服、外洗、熏蒸、敷贴、佩药、骨刮、角疗、灸法、挑针、陶针等10多种内涵的壮医多层次结构。"该条目还记载,在武鸣出土的战国时代铜针及贵港出土的汉代银针是迄今为止在中国范围内发现年代最早的金属针具。《黄帝内经》

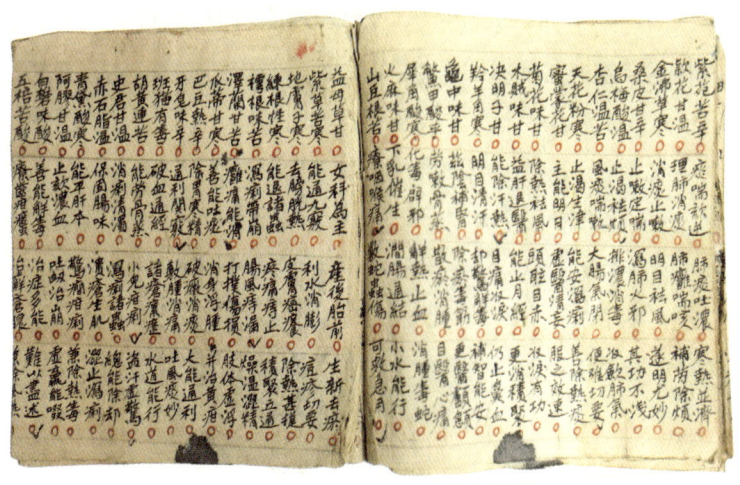

● 壮医抄本《医摩单方》

说：" 九针者，亦从南方来。" 壮族先民很早就发明了针刺疗法，对我国的医学发展做出了重要贡献。明清时期，壮医吸收了传统中医的理论并进行初步总结，逐渐形成理论雏形。据20世纪90年代调查发现，壮医病症种类500多个，收集口传验秘方1万多条，古籍手抄本100多本，形成了独具特色的一类古籍。

碑刻类

碑刻泛指刻于石上的文字和图案。碑刻在广西各地数量众多，从内容分类大致有祠堂碑、寺庙（道观）碑、山寨碑、城碑、界碑、路碑、功德碑、乡规民约碑、告示碑、墓碑等。广西的碑刻绝大多数使用汉文刻写，半汉文和半古壮字刻写次之，全部用古壮字刻写的十分稀见。迄今广西发现全文用民族古文字刻写的碑刻是《廖士宽墓门碑》。该碑在今广西河池市宜州区安马乡古育村，立于道光十一年（1831）四月十九日，为清代壮族人廖士宽生前为自己建造墓茔的碑门，上刻自编的古壮字壮歌《自叹白文》，意为"哀叹身世之歌"，全歌共15首120行600字，记录墓主壮年勤劳发家却一生无嗣、中年两个养子忘恩负义弃家而去、晚年丧妻孑然一身的生平经历，抒发自己悲愤和凄凉的心情，希望后人避免重蹈其不幸遭遇。

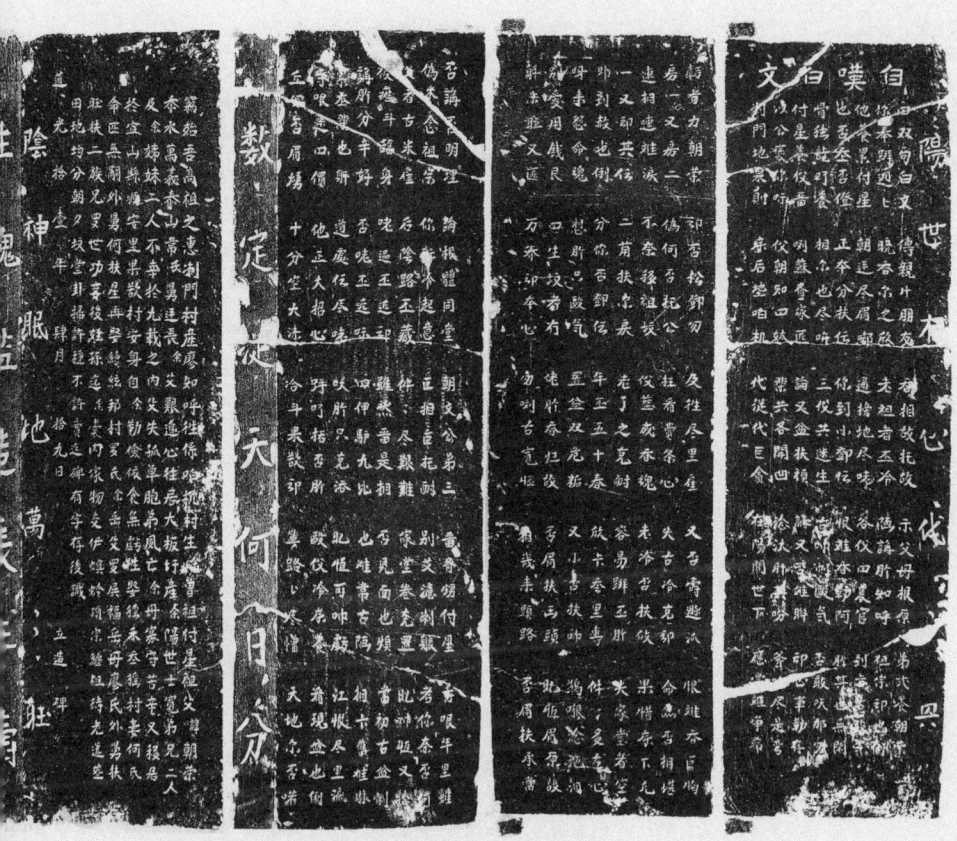

廖士宽墓门碑拓片

契约文书类

　　契约文书指记录各民族社会经济生活中有关土地、房屋、山林、园圃、牲畜等财产的买卖、借贷、租赁典当、权属分割等，以及特有民规民俗的散页纸质文献。契约文书一般用汉文撰写，少部分用古壮字记录文书中的人名、地名及特有术语。广西常见的契约文书有买卖田产契约、买卖土地山林契约、买卖果树契约、买卖房屋宅基地契约、典当借贷契约、借（还）据、分关（家）书（单）、入赘寄养合同等。契约文书对研究文献学、民族学、经济学、社会学、法学、民俗学等提供了重要史料参考，可弥补正史文献资料的不足。

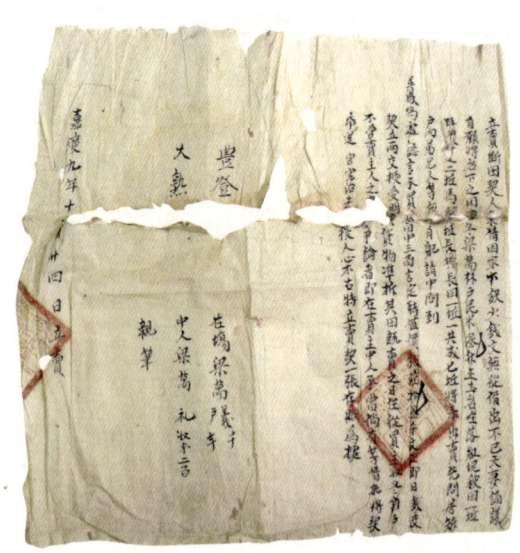

● 契约文书

广西少数民族文字典籍的特色

广西少数民族文字典籍种类丰富、数量可观，是从内容上反映出的特点。从版本、材质、外观、传承、分布等方面，广西少数民族文字典籍具有更鲜明的民族和地域特色，主要表现在以下几个方面。

版本以抄本为主，刻本、印本稀见

纸质书籍发展的高峰，以雕版印刷术和活字印刷术的推广应用为标志。

从宋代开始，雕版印刷工艺和活字印刷术传入广西，出现官府出资雇请工匠雕版刻印的书籍。当时桂林成为广西雕版刻印的中心。南宋时，广西的雕版印书范围进一步扩大，地域分布到柳州、容州（今广西容县）、象州等交通便利、经济文化比较发达的地区。明代，雕版印书业日益繁荣，刻书区域几乎遍及全广西。清代雕版印书业达到鼎盛，清末开始采用铅活字机器印刷，刻印书籍大量涌现。但少数民族文字典籍却几乎没有刻印本，原因主要有：一、少数民族文字典籍使用范围很小，需求量不大。广西几种少数民族文字主要由麽公、师公、道公、歌手等民间艺人使用流传，未得到官方的统一规范，更没有推广使用，因此文字限于民间小范围通行，属于典型的草根文化，对典籍文本没有批量的需求。二、古代民族文化多以传统的家族传承、师徒传承的方

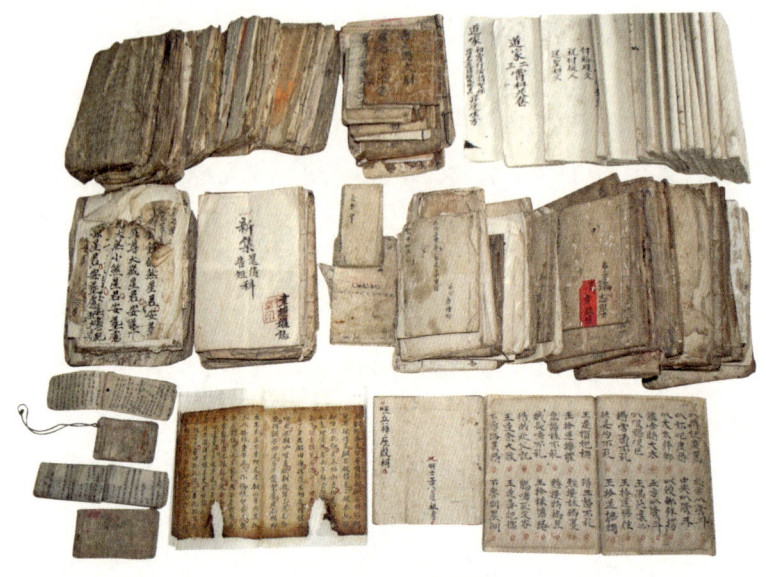

● 少数民族文字古籍抄本

式传递,没有形成私学或官学的学校教育体系。少数民族文字典籍多数为民间信仰经书,本身具有神秘性,传承人为维持其神秘性和权威性,不愿轻易示予外人。在很多经书、歌本文末,常可见到"留传子孙,不借外人"的字样。三、经济发展水平不高决定了少数民族文字典籍难见刻印本。雕版刻印除了技术要求较高外,还需要花费雇请刻工、印工和购买纸、墨等材料的成本,这是要具备较好的经济条件的。历史上的少数民族地区,多属边远交通闭塞、人迹罕至之地,经济普遍落后低下,难以承担刻印书籍的支出。

装帧以毛装为主,装帧工艺比较简单

广西少数民族文字典籍基本为抄本,在理论上大致可以推断这类典籍不容易出现比较精致的装帧,实际的普查工作实践也证明,广西少数民族文字典籍的装帧基本为毛装。"毛装"不是版本学上的规范术语,而是对民间那些采用线装书部分装订方法的称呼。毛装书也叫毛边书(本),与线装书有比较明显的区别:一是毛装书四周无裁切,书页无对齐标准,保持装订后的原始状态。二是毛装书打眼装订随意,眼孔从2至5个不等,眼孔间距也不严格。三是毛装书订线就地取材,麻线、棉线、纸捻线、布条等不一而足,粗细随意,信手拈来。四是毛装书极少美化,简单粗放,甚至连书签也没有,更不要说边栏、界行、插画等装饰了。

但毛装书也不是一无是处,其最大的好处是成本低廉,装订不费工时,简单易学。毛装书除了在民间老百姓中广泛流传,不少名家大家也对其情有独钟。比如鲁迅认为毛边书"三面任其本然,不施切削",他在给当代作家萧军的信中说:"我喜欢毛边书,

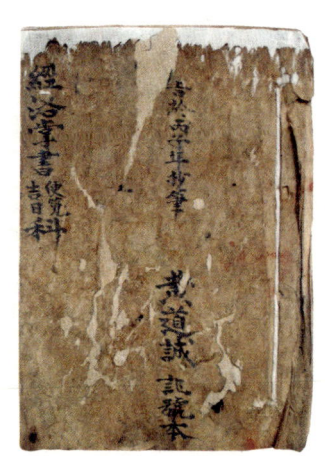

● 少数民族文字古籍的毛装抄本

宁可裁,光边书像没有头发的人——和尚或尼姑。"可见毛边书也是时代的产物,它能满足不同群体的需求,自有其存在的价值。

材质以本地纱纸为主,对广西的湿热气候适应性强

纱纸属于皮纸中的一种,主要以树皮为原料。据《科学技术志》记载,广西手工造纸始于东汉末年。宋代,瑶族人民使用简单的工具和设备,把纱树皮、稻草、龙须草等原料切断、碾碎、漂洗后用石灰焖料,再经蒸、碾、脱水等工序,提纸后贴于墙上使之自然干燥即成纱纸。1956年,在广西大瑶山发现了一个明代瑶族抄纸器,反映了广西造纸术历史悠久。

雍正年间(1723—1735),在广西都安境内已有很多手工纱纸生产户。清末至民国初期纱纸生产达到鼎盛,当时境内造纸户达1000多家,年产纱纸近25000担,都安纱纸远近闻名。今大化瑶族自治县贡川乡是著名的"纱纸之乡",民国二十二年(1933)《那马县志草略》记载:"纸工,那马唯贡川一乡,村村产为常业。"时至今日,大化贡川纱纸的生产,依旧沿袭着最传统古老的手工造纸技艺。

制作纱纸的植物原料广西本地称为"纱树",学名构树、楮树,属荨麻目桑科,为落叶乔木,树高一般为10米至20米。构树分布于中国南方的温带、热带地区,具有适应性强、耐干旱贫瘠的特点,多生于丘陵山区的荒地、田园及水沟旁,石灰岩山地也能生长,且根系浅,分蘖强,生长快,属于速生树种。构树树皮光滑，易剥离树干，颜色呈浅灰色或灰褐色，纤维丰富韧性好，是造纸的绝佳原料。

纱纸传统的制作工艺极其复杂，要经过煮料、漂白、打浆、造糟水、抄纸、脱水、晒纸等几十道工序，全靠人力，是十分费时费力的工作。上好的纱纸纸色洁白，质地柔韧，拉力性好，耐卷耐折，往往纸破而丝连，特别适应广西高温、潮湿的天气，具有防潮、防虫、防霉的优点，广泛用于抄写经书、族谱、歌本、契约文书等。纱纸除了作为书籍正文的材质，广西各族人民还因地制宜，稍作加工，把纱纸作为书籍的封面。做法是将纱纸对折成书本大小的筒子页，用桐油浸泡透彻，取出晾干，纱纸即成为黝亮且有一定硬度的材料。以此类桐油纱纸装订封面，既有保护书籍的作用，又可防虫防潮，是延长书籍寿命的便捷方法。

版本多样无定本，方言文字差异大

广西少数民族文字典籍形成的具体时间没有史料记载，理论上晚于文字产生的时间，但能流传至今的典籍版本又受到各种因素的影响，形成了内容相似、年代不同、版本多样且无权威定本的特点。以壮族古壮字典籍为例，目前发现的有确切年代最早的壮族麽经是抄于乾隆三十六年（1771）的《本司黎魂仙玄科》，同内容的版本有从清末、民国至20世纪50—60年代或80—90年代、甚至2000年后抄写的近20个版本，各版本之间无相关联信息记载，各版本方言、文字差异很大。形成此特点有几方面原因。

一是在文字出现之前，人类所有的思维活动，其成果都只能通过口耳相传。即使在文字产生后的相当长时间里，由于生产力和教育水平低下，文字掌握在少数人手中，大部分历史故事、生产知识、生活体验等还得依靠口传心授这种最古老的方式承传延续。各民族的文明起源、社会变迁、神话传说、天文地理等相关的传统文化多为民族集体创作或记忆，对于口传心授这种传承方式，文本内容的完整性和准确性既取决于传授者的知识水平和传授技巧，也取决于听者的理解能力和接受能力，产生的结果往往因人而异、因时而变。没有经精英人士进行厘定并确定标准版本或权威版本，这就是少数民族文字典籍版本多样无定本的根本原因。

二是广西各少数民族语言普遍存在方言差异。如壮语分为北部方言和南部方言，方言内部又分不同的土语。历史上虽然创制了4种民族文字，但这些民族文字都未经过统一规范，也非超方言的文字，抄书人的学识和喜好及对文字的选用、文本内容的取舍都会导致版本的差异，同一用途的文本普遍存在用字不同、内容相异的情况，特别是民间信仰类古籍表现最为明显。如同是表示汉语的天，在壮语北部方言的田阳县文本中用"兲"（音近闷），在壮语南部方言的大新县文本通常用"氼"（音近法）。另外，少数民族文化传承以家族传承和师徒传承为主，师傅收徒时必授徒弟予新书，新书或由师傅亲自抄写，或由徒弟边学习边抄写。新书抄成，旧本则弃之如敝屣，久之也无从知晓作者及成书年代了。

三是广西地处亚热带季风气候地区，气温高湿度大，哪怕是

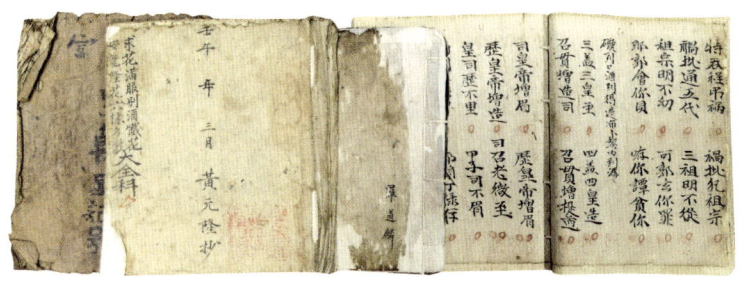

● 不同版本的《布洛陀麽经》抄本

防潮防虫防霉效果较好的纱纸也非永久保存,书籍使用年限短,民间不断将残旧本内容重抄到新本上,版本更迭频繁。

多散藏于民间,作者抄者多不详

广西少数民族文字典籍随人口分布区域流传,具有小集中、大分散的特点,即少部分集中收藏于各级图书馆、博物馆、科研机构等单位,大部分分散藏于各少数民族民间,主要为各少数民族村寨私人(如麽公、师公、道公、歌手、各类民族文化传承人和爱好者等)所收藏。从馆藏在档情况看,广西少数民族典籍藏量近1.5万册(件)。其中,自治区图书馆收藏1488册(件),中国民族图书馆收藏250册(件),广西少数民族古籍保护研究中心收藏1.2万册(件),中央民族大学博物馆收藏425册(件),广西民族博物馆收藏200册(件)等。从民间散藏情况看,根据广西少数民族古籍保护研究中心从2014—2016年组织开展的全区少数民族古籍专项普查,3年间共普查并登记民间散藏各类少

数民族古籍39678册（件）。普查主要集中在南宁、柳州、来宾、百色、河池、崇左等6个壮族人口集中的市，未能覆盖到全区，大部分的市、县、乡镇、村屯未能普查到。因此，推测目前广西散存民间的各类少数民族古籍至少有10万册（件）。

印刷术的广泛推行，使书籍形态逐步定型，每种刻印本都有规范的编辑体例、书名、目录、序、跋、卷次等。但对于少数民族文字古籍，无论是馆藏在档的还是散藏民间的，并无规范的体例结构，缺漏各种书籍要素，比如基本无作者或编纂者，有的甚至连书名、抄写者也没有。这也表明少数民族文字古籍的使用者、传承者都是一些普通的民众，他们不同于那些职业的抄手、收藏家，所以往往只根据自己的阅读视野和生活需要而进行抄写、传承，具有很实际的功用性，不关注其版本价值和历史价值。

● 散藏在民间的少数民族文字古籍

广西少数民族文字典籍举隅

壮族古壮字典籍

壮族巫经《顿造忙》

不分卷，1册，62页。佚名撰，道光二十七年（1847）许庆盟抄本。纱纸，毛装，古壮字抄录，墨书。页高29.5厘米，宽21.5厘米，每半页7—8行，行10字。该抄本于2006年由崇左市大新县下雷中学退休教师侬兵在其同事（也是传承人）许荣强处复印，后因原书受虫蛀严重，于2016年交广西壮族自治区少数民族古籍保护研究中心收藏。有潘其旭等主编《顿造忙（创世经）影印译注》，广西教育出版社2019年11月出版。

壮族巫经属民间信仰经书类。壮族巫祝文化源远流长，是壮族传统文化的重要组成部分。据《史记·孝武帝本纪》载，壮族先民越人崇尚越巫，曾受到汉武帝推崇。《史记·西南夷列传》还说到西南夷众多部落有"靡莫之属"，当为上古壮族先民社会曾存在的一个身兼巫祝的女君长、尊称为"靡莫"的重要史载。过往的研究认为，壮巫只有口传诵词而无文字经典，《顿造忙》的发现，填补了壮巫文字经典的空白，为民间信仰研究开辟了新的领域，提供了新的基础文献。

原书无题，《顿造忙》为编者据文中首篇名作题名。该书流传地大新县下雷镇明清时期属镇安府（治所在今广西德保）下雷土州，当地壮话属壮语南部方言德（保）靖（西）土语。"顿造忙"是当地壮语记音，"顿"即谈论、讲述；"造"是开辟、创造；"忙"含辖区、领地、疆域、邦国、世界等意。"顿造忙"意即"讲述创造世界的故事"。

《顿造忙》是古代壮族土官在举行殡葬仪式上巫师诵唱的经书。殡葬礼仪是人生的大事，壮族民间历来十分重视。

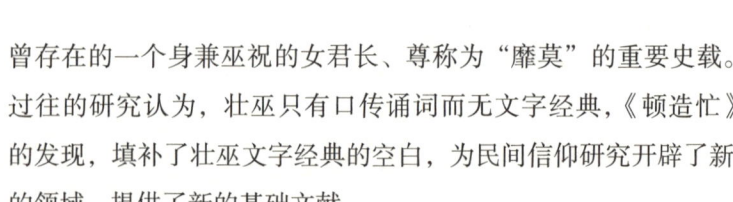

● 《顿造忙》书影

《顿造忙》唱词主要记载壮族及其先民对开天辟地、人类繁衍、开垦拓疆、筑城建州、土官分封、领主制度、生息企求等方面的认知思维及生活理念,展现想象中的世界图式,折射壮族地区社会发展的历史印迹,是壮族土司制度的缩影。通过传统庄重的土官司礼活动来唱述民族起源和民族迁徙,着重突出壮族先民边疆创业、分封领地、重文兴商、共建家园的史实,借此教育后人不忘先辈开创基业和守护边疆安定的功德,增强国家认同感和文化意识,蕴含深层的文化意义。

该书名为壮族民间信仰仪式用书,实为壮族创世史诗,蕴含壮族先民关于开辟天地、创造万物、安置天下、制定社会各种礼俗规约的创世思想,融神话、故事、歌谣、祭词等于一体,充满浓厚的壮乡生活气息和南国边疆文化色彩,是壮族古壮字典籍的代表性经典之一。

壮族巫经《塘伕》

不分卷,1册,152页。佚名撰,民国二十二年(1933)抄本。纱纸,毛装,古壮字抄录,墨书。页高28厘米,宽24厘米,每半页10行,行2—20字不等。抄本于2006年12月从崇左市龙州县金龙镇板池村搜集,原收藏人为壮族天琴艺术传承人李金政,今藏广西壮族自治区少数民族古籍保护研究中心。

该书从发现到抢救搜集还有个曲折的故事。2006年初,《南国早报》刊登了一则消息,说壮族著名音乐家范西姆在龙州县金

龙镇美女村（即板池村）发现了一部"天书"，引来很多人关注。得知这个消息后，广西少数民族古籍整理办公室（广西壮族自治区少数民族古籍保护研究中心前身）主任欧薇薇、随员韦如柱从南宁驱车赶到龙州，在龙州县小学老师农瑞群的陪同下到达板池村李金政家，见到了所谓的"天书"。该书是流传于左江流域边境地区的壮族民间信仰经书，全文以壮语南部方言古壮字抄录，外人大多看不懂，又因在诵唱经书时用称为"天琴"的传统乐器伴奏，故称之为"天书"，含"艰涩难懂之书""天琴弹唱之书"两层意思。来访者向李金政师傅表明了来意，恳请他捐献此书进

●《塘佚》书影

行保护和进一步整理研究,让更多的人了解此书,更好地传承壮族文化。李金政老人说,这是他的祖父传给家族的书,无论如何都不能外借。看到老人一下子不会同意,来访者只好先告退,并请他好好保存经书。半个月后,欧薇薇、韦如柱两人再次拜访李金政老人,和他谈古籍保护的意义,再次恳请他捐献经书,后老人同意捐献经书。自此该经书纳入了自治区古籍保护的计划,得到了妥善的保护。

原书无题,《塘佚》为编者据民间习惯称呼和抄本内容所拟。"塘"原指道路,此指举行民间仪式的过程;"佚"是广西左江流域壮族民间举行仪式的总称,主持仪式的人称为"布佚",即巫公。"塘佚"意为做民间仪式的巫经。

该书内容主要反映左江流域壮族民间的三种习俗:一是求花保花习俗。壮族民间认为,人间每个孩儿都是"姆卡"即花婆掌管的百花园中的一朵花,新婚夫妇要祈求花婆赐花早生贵子,有了孩儿还要祈求花婆保佑其健康成长,反映了壮族民间对花婆的崇拜心理。二是添粮补寿习俗。壮族民间为61、73、85、97周岁的老人举行添粮补寿仪式,祝寿当天老人的儿女亲戚好友不论远近分别带回一袋白米,往米缸中添入米粮,意为添福添寿,长命百岁。三是祛灾祈福习俗。壮族民间遇红白喜事需举行仪式,祈求风调雨顺,人畜平安,五谷丰登。该书基本为五言韵文体,7000多行,篇幅宏大,文字结构独特,文学色彩浓厚,对研究壮族民间信仰、文学、艺术等有参考价值。

无论举行哪种仪式,诵唱该书时都以壮族独有的乐器天琴伴

● 壮族天琴演奏，前排右一为李绍伟、右二为李金政（崇左文体局供图）

唱，演唱者在脚上挂一串铜铃，单人或多人伴奏，琴声悠扬，铜铃铿锵，极富艺术感染力。经过艺术家们多年的改良和加工，天琴实现了从民间法器向传统乐器的转变，天琴艺术也从龙州县走向了全国和国际的舞台。2020年12月，壮族天琴艺术入选第五批国家级非物质文化遗产代表性项目名录。

壮族鸡卜经《板龙板聆》

不分卷，1册，123页。佚名撰，清抄本。纱纸，毛装，古壮字汉字合璧，墨书。页高24厘米，宽13厘米，每半页6行，行12字。该抄本于2015年7月搜集于广西壮族自治区百色市与云南省文山壮族苗族自治州交界地区，今藏广西壮族自治区少数民族古籍保护研究中心。

壮族麽公依据卦象将鸡卦分为龙卦、衫卦、修卦、楼卦、崩卦、林卦6个基本卦类，见下图。

类别	卦象					
龙卦						
衫卦						
修卦						
楼卦						
崩卦						
林卦						

● 鸡卜卦象分类图

壮族鸡卦图像即卦象，以右边的卦象代表我方，即求卦的人或事物，为主体卦；左边的卦象代表你方或人家一方，即所占卦的事物，为客体卦。主体卦一般写作"娄"，为壮语记音，指我们、我方、主方，也写作"吾""手""收""劳"等。客体卦

有两种:一种一般写作"忙",为壮语记音,指你、你方、客方,也写作"满""蟒"等;另一种一般写作"反",也写作"板""凡",为壮语记音,指对岸、对方、彼主,也可作人家、他们、他方解释。

该书原无题,《板龙板聆》是编者根据首页首卦名所拟。"板"为壮语记音,意为对方、他方;"龙"为龙卦,鸡卜6个基本卦类之一;"聆"为壮语记音,指倾斜。"板龙板聆"意为"他方得龙卦,卦签倾斜"。该书是麽公为村寨进行战事、农事生产以及为主家建房、求学、出行、祈福等事之前或之后占卜时所用。全书计记录鸡卜卦象230卦,每卦含卦象、卦名、卦辞。卦象为手

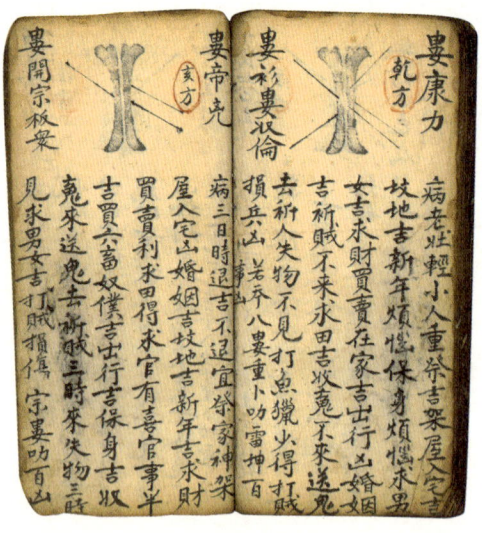

《板龙板聆》书影

绘的图画，表示鸡骨卜的形状；卦名是对卦象的描述；卦辞是占卜的结果，记载葬坟、婚姻、建房、入宅、打贼、求子、求财、求寿、求官、狩猎、捕捞、买卖、治病、祭祀等内容。

鸡卜是壮族传统文化的古老遗存，现壮族地区能做鸡卜的传承人越来越少，鸡卜技艺面临失传的危机。

壮族麽经《麽请布洛陀》

不分卷，1册，44页。佚名撰，清代抄本。纱纸，毛装，古壮字抄录，墨书。页高22厘米，宽18厘米，每半页7行，行10字。入选第二批《国家珍贵古籍名录》，编号06860。该抄本于1986年由百色市民族事务委员会干部黄子义从河池市巴马瑶族自治县燕洞乡赖满村那建屯搜集，今藏广西壮族自治区少数民族古籍保护研究中心。收入张声震主编《壮族麽经布洛陀影印译注》（8卷），广西民族出版社2004年4月出版。

该书在壮族民间举行祭祀布洛陀仪式时唱诵。"布洛陀"是壮族神话传说中的创世神，壮族民间尊为人文始祖，也是壮族民间信仰的祖神。"布洛陀"一词为壮语记音，其含义有多种说法，其中流传较广的一种为："布"指男性老者，即公公；"洛"指知道、通晓；"陀"指足够、很多。"布洛陀"即为无所不知、无所不晓的智慧老人。壮族民间流传有很多布洛陀的神话故事，据《广西大百科全书》（民族卷）"布洛陀"条叙述：相传宇宙最初由黑、黄、白色3股气体凝成像蛋模样的气团旋转，布洛陀和他

的兄弟雷王、图额（蛟龙）孕育其中。后来，气团爆成3片，一片上升形成天，一片下沉形成地，另一片停留原地不动成为人间。兄弟仨出世后，雷王上天，图额下海，布洛陀留在人间，开始创造人类和万物，制定和安排自然界各种事物之间的秩序，排解人间各种矛盾和纠纷，人间万物各得其所，人类安居乐业。布洛陀聪明能干，天下人间之事无所不知，他一生中做了许多好事：一是规定万物的活动规律；二是发明人工取火，使人类懂得用火取暖熟食；三是开掘红水河，洪水通过红水河流入大海；四是造谷物，教人们种植五谷；五是用泥造牛，帮助人们耕田犁地；六是教人们饲养家禽，不断繁殖；七是教人们用木料和茅草造屋居住；八是制定人间社会的道德规范。

在壮族民间信仰观念中，布洛陀是麽公的祖师爷，凡要举行仪式，必先恭请布洛陀降临主神位，麽渌甲作陪神。随即布洛陀便手持法杖，挎着装有麽经和法具的袋子应时而至，助麽公显示神威。在众多版本的麽经中叙述到，凡人们遇到灾病或疑难不解之事，都要祷问布洛陀和麽渌甲，祈求释疑解难。或当事者在危难之际，往往会巧遇布洛陀而获得神助，经释疑开导，只要遵从布洛陀的旨意行事，即可应验化解，摆脱厄运，达其所愿，过上安顺的日子。所以麽经中都有"批嗲布渌图，批嗲麽渌甲。布渌图造啥，姆渌甲造呶"（汉译：去问布洛陀，去问麽渌甲。布洛陀就说，麽渌甲就讲）的句式为标志。

该书原无题。《麽请布洛陀》是编者根据其主旨内容所拟。"麽"有两个含义：一是指低声或无声喃诵；二是指壮族麽信仰民间仪式的总称。"布洛陀"，壮族神话传说中的创世神，也是壮族民间信仰的祖神。"麽请布洛陀"意为喃诵祈请祖神布洛陀。全书共有十章（节），内容包括祈请布洛陀、创造天地、安置天下、造雷雨、造皇帝造土司、造文字造历书、造火、找水、造禳解仪式、解冤灾等十个方面，叙唱祖神布洛陀和麽渌甲主宰天地万物，做仪式必先祈请他们亲临祭坛，歌颂他们创造天地万物、安置天下、治理社会、首创仪规秩序等功绩，祈请他们为主家和人间百姓祛灾除难，护佑天下平安。经书中描述祖神布洛陀是一位花白胡子的慈祥老人，手拄金刚木拐杖，背挎布袋，健步而来，老虎、豺狼、熊豹等猛兽纷纷为他让路，河水为之断流让他通行，凸显了布洛陀神通广大、无所不能的形象。

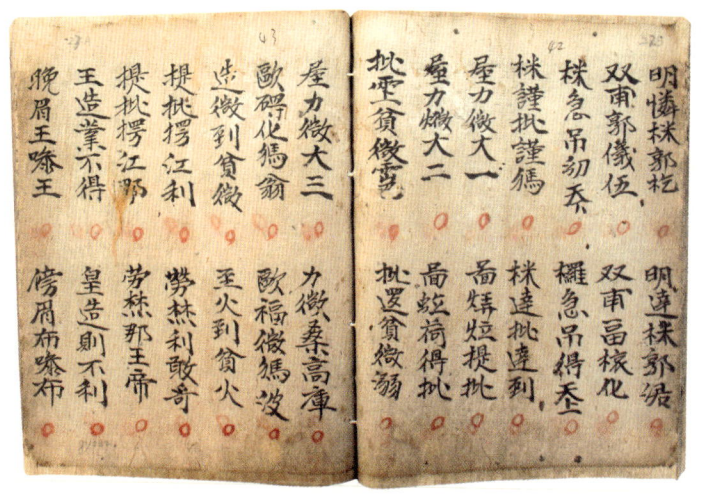

●《麽请布洛陀》书影

壮族麽经《麽破塘》

不分卷，1册，49页。佚名撰，光绪七年（1881）韦善经抄本。纱纸，毛装，古壮字抄录，墨书。页高19厘米，宽17厘米，每半页8行，行10字。入选第一批《国家珍贵古籍名录》，编号02383。该抄本为2001年百色市右江区民宗局退休干部覃建珍从百色市右江区百兰乡鲁平村那道屯搜集，今藏广西壮族自治区少数民族古籍保护研究中心。收入张声震主编《壮族麽经布洛陀影印译注》（8卷），广西民族出版社2004年4月出版。

麽经是壮族民间信仰类经书的一种。麽是在古代自然崇拜、神话体系和鸡骨占卜的基础上，由越巫发展演变而成的一种壮族民间信仰。其崇奉创世神布洛陀为至上神和祖师，形成了记录一整套法事仪式及唱辞的民间信仰经书，即为麽经。

抄写者韦善经为壮族麽公，生平不详。原书无题，《麽破塘》是编者根据其主旨内容所拟，此书是壮族麽公举行民间仪式时的诵唱词。麽公，壮语称为"布麽"，因他们都是中老年男性，故习惯称为"公"。壮族麽公一般有多重身份，首先是农民，平时从事农业生产劳动；其次是经过一定阶段学习和修炼后的民间仪式传承人，他们通过拜师学艺修炼成熟成为仪式传承人，有主家邀请即披上道服去履行救赎社会、安抚心灵的职责；再次，他们还是主持公义、处理社会和人际关系、解决矛盾纠纷的民间协调人，是受乡间邻里尊敬的文化人和权威人士。

《麽破塘》的"麽"有两层含义：一是低声喃诵喃唱经文；

二是壮族麽信仰民间仪式的总称。"破"即破除、打破。"塘"本义为水塘、鱼塘,这里指民间信仰中的苦难冥间。"麽破塘"意为做麽仪式破除苦难,安抚心灵。

全书含造万物、叛逆抗婚、塘中欢乐、麽唱土地神四章。叙唱壮族人文始祖布洛陀、麽渌甲创造天、地、人和万物的历史,叙述主家女儿叛逆抗婚、含冤溺水的故事,描述"她"在冥间拉网打鱼、耕种织布、对歌谈情的怡然生活。记录麽公举行"破塘"仪式、规劝"她"脱离苦难的过程。经文宗法教条的成分极少,通篇充满生活的情趣,从中可了解壮族民间信仰经典诗化的艺术特色,对研究壮族民间信仰以及壮族文字、语言、文学、艺术、民俗等有参考价值。

●《麽破塘》书影

壮族麽经《麽使虫郎甲科》

不分卷，1册，32页。佚名撰，光绪二十一年（1895）陆道玉抄本。纱纸，毛装，古壮字抄录，墨书。页高20厘米，宽14厘米，每半页6行，行10字。入选第一批《国家珍贵古籍名录》，编号02384。该书为1986年百色市民族事务委员会干部黄子义从田阳县玉凤镇能带村坡福屯搜集，今藏广西壮族自治区少数民族古籍保护研究中心。收入张声震主编《壮族麽经布洛陀影印译注》（8卷），广西民族出版社2004年4月出版。

该书是壮族麽公祭祀彩虹，禳解孤儿冤结，祈求天神护佑村民平安的唱诵词。彩虹是气象学中的一种光学现象，当太阳光照射到半空中的水滴，光线被折射或反射，在天空中形成拱形的七彩光谱。在古代，壮族先民因受生产力和认知水平所限，对出现彩虹不能从科学上进行解释。有的认为出现彩虹是一种不祥之兆，会导致诸如死人、死牛马、火烧房子等灾难发生。在过去的广西东兰县壮族地区，人们认为彩虹出现是天神显现，将彩虹说成"天神下凡喝水"。当人们在野外看见彩虹在本村或本户上空出现时，要赶紧跑回村里山泉、水井、河溪或自家水缸边大吼三声，吓赶彩虹，不让它喝干水，迫使彩虹惊慌丢下"七色水瓢"，就能免遭灾难。传说"七色水瓢"是彩虹舀水所用，彩虹受惊后，水瓢就化为七种颜色的水汽消失得无影无踪。此时，"七色水瓢"失落处的水就变成"福水"，舀来分给全村人喝，便能逢凶化吉。如果天神下凡喝水时，村人看不见或回村不及时，就会被认为该村的泉水、井水、河水被天神喝干，非常不吉利。该村要在三天内杀猪祭彩虹，由村老和麽公在彩虹喝水的地方设祭台，全村人肃立四周，倾听麽公诵唱彩虹经，感谢天神降临凡间报讯显灵，并祈求天神护佑村民平安。全村每人扎一炷香，就喝一匙猪活血，表示与彩虹同餐共福。仪式结束后村人分猪肉回家，各家各户以猪肉祭神台，请求家人平安。

壮族民间流传有关孤儿的故事，讲述有一个孩子自幼父母双亡，成为孤儿，由外公外婆抚养成人，后不堪虐待外出流浪，途中被壮族创世祖神布洛陀、麽渌甲收留，教他做麽公，出师后专门去替人家解孤儿冤。就如"彩虹怪"一样，"孤儿冤"亦属众

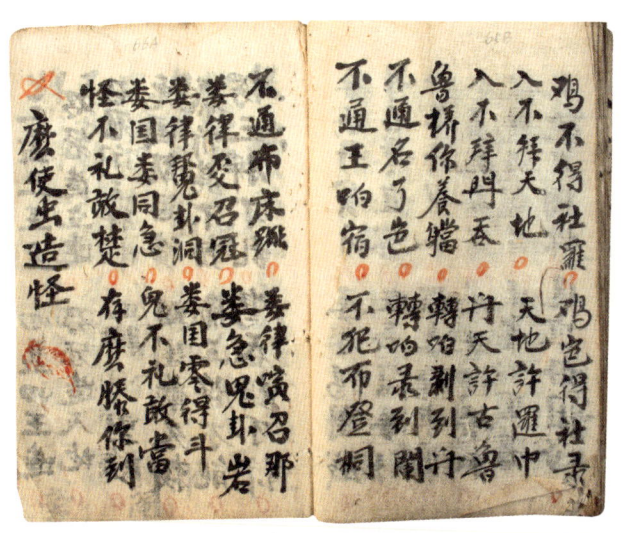

《麽使虫郎甲科》书影

多不祥难结之一。民间认为，凡是犯了"孤儿冤"的，要请麽公诵唱"孤儿经"，禳解"孤儿冤"，祈求人生平安顺达。

《麽使虫郎甲科》的"麽"即麽诵、喃诵；"使"指彩虹；"郎"指篇章；"甲"指孤儿；"科"即科目、类别。"麽使虫郎甲科"意为麽诵彩虹经、孤儿经的科目。

全书含麽造微（麽造火）、麽造龙造录（麽炼铜造铜刀）、麽变身甫道（麽成为道公）、麽宁虫造寅（麽螟虫造石头）、麽使虫造怪（麽彩虹造冤怪）、麽郎甲（麽孤儿经）等六章。叙唱壮族先民造火、炼铜制刀的历史，叙述陆家、罗家兄弟修炼成为道公的故事，记录麽公举行仪式祭祀彩虹怪和禳解孤儿冤结的过程。全书为五言韵文体，具有历史学、哲学、社会学、民俗学、语言文字学等多学科的研究价值。

壮族民歌《宽欧巾》

不分卷，1册，58页。佚名撰，宣统三年（1911）抄本。纱纸，毛装，古壮字抄录，墨书。页高13厘米，宽13厘米，每半页7行，行10字。该书为广西百色市田阳县文化馆原馆长唐云斌于20世纪80年代从田阳县田州镇蒙平村搜集，今藏广西壮族自治区少数民族古籍保护研究中心。收入张声震主编《壮族民歌古籍集成·欢岸》，广西民族出版社1997年4月出版。

壮族民歌源远流长，各地壮族人对民歌有不同称谓。壮语北部方言地区叫欢（宽）、比，壮语南部方言地区叫西、伦、加等，其意均指咏唱的歌,也称山歌。欢(宽)、比以五言四句式歌为主,西、伦、加以七言两句式和七言四句式为主,形成了北"欢"南"西"不同句式结构和风格特征的歌体。民歌既可纪事存史,又可抒情咏志。在广西歌的海洋中,民歌还是"依歌择偶"的重要方式,因此民歌中情歌数量最多。

《宽欧巾》的"宽"同"欢",是壮语北部方言对民歌的称呼,也可做动词"唱";"欧",意思为"要""求";"巾"即手巾、头巾,男女青年恋爱的定情物。"宽欧巾"即求巾歌,是男女青年相互爱慕、相互追求时所唱的歌。该书歌词包括求巾歌、钟情歌、猜谜歌、槟榔歌四部分,唱述男女青年爱慕、钟情、考验、定情四段情感发展过程,围绕劳动创造美好生活主线,通过描写男女青年共同劳动场景,反映两人不同发展阶段的情感体验,表达男女青年对自由、纯洁爱情和幸福生活的向往。歌中记载了许多壮族古代农业生产技术和生活习俗,是壮族古代社会生活、历史文化、文明创造等的缩影。

每年歌圩、节日及农闲时男女青年对唱《宽欧巾》,它可以说是古代壮族青年的"恋爱宝典",其中的名言金句为各地长唱不衰:

男:妹有巾不给,哥才问底细。妹有巾成箱,妹花巾满笼。妹闭眼推脱,舍不得送郎。

女:若哥想要巾,妹巾挂天上。巾挂太阳角,想要就踮脚。踮不得就攀,别要石子扔。

……………

男：妹巾挂天上，巾飘在天河。挂在太阳角，哥怎踮脚尖。若妹有真心，拿下来给哥。

女：哥问妹要巾，跟妹种蓝靛。陪妹耘棉田，样样做齐全。问要巾给衣，给衣又给裙。

这些歌词看似直白朴实，却体现了生活的哲理和智慧，没有长期的观察和体验，要在即兴对歌时出口成章还真不容易，没有点山歌技艺，谈个恋爱都难啊！

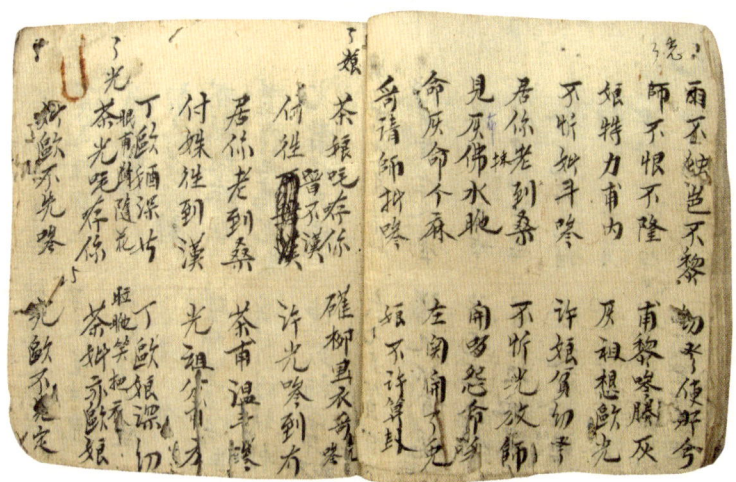

●《宽欧巾》书影

壮族剧本《吩娅歪》

不分卷，1册，75页。佚名撰，清抄本。纱纸，毛装，古壮字抄录，墨书。页高15厘米，宽12厘米，每半页6行，行10字。该书于2016年11月广西百色市右江区与云南省富宁县交界地区搜集，今藏广西壮族自治区少数民族古籍保护研究中心。

该书无书题，《吩娅歪》是根据传承人的说法所拟。"吩娅歪"是一种壮族民间戏剧，属壮族北路壮剧，主要流传于广西隆林、西林、田林、右江区及云南省广南、富宁等县区的壮族村寨。"吩"同"欢"，是壮族民歌的称谓，也作动词"唱"；"娅歪"指牛王娘娘。"吩娅歪"意为唱诵牛王娘娘的歌。

"吩娅歪"这种戏剧是从壮族民间对牛的崇拜、祭祀牛王活动发展演变而来。在今广西西林县的壮族民间，仍然流传一种被称为"弄娅歪"的舞蹈，意为"舞动牛头的舞蹈"。该舞多在春节和春耕时节的祭祀活动中进行，故又被称为春牛舞。跳舞时领舞者戴牛头面具为舞，俗称"牛头舞"。壮族春牛舞活动一般从农历正月初七开始到三月三结束，主要分为三个阶段：一是祭牛神、迎牛神；二是日常表演，时间约两个月；三是送牛神。舞蹈表现的内容主要是感谢牛神造福于人，祈求牛神保护村寨平安，风调雨顺，人畜兴旺，并希望人们爱护耕牛，敬祭牛神。春牛舞以锣、鼓、钹、唢呐、笛子、二胡、牛角号等民间器乐伴奏，分别融入了祭祀诵白、模仿牛王动作、山歌对唱、武术杂耍等诸多民族文化元素，具备了戏剧的雏形。

"吩娅歪"大约形成于明末清初,成熟于清朝中叶,盛行于晚清。在其发展中经历了对唱叙述故事到分角色说唱,后到动作表演,最后直接扮演人物角色叙述故事等过程,是融壮族民间音乐、舞蹈、诗歌、说唱、武术为一体的艺术形式。该剧本以一对兄弟扶贫济困、除暴安良的故事为主线,讲述了他们与官府斗智斗勇的过程。计有"生唱""旦唱""驮唱""太唱""妈唱"等角色分配。由于壮族戏剧的时代性特点,演员均为业余,平时务农,随请而演,该戏剧仅限于乡间村头的简陋舞台,生存空间越来越小,现已难见踪迹。

●《吩娅歪》书影

壮族字书《三千书》

不分卷，1册，35页。佚名撰，清抄本。纱纸，毛装，古壮字汉字合璧，墨书。页高23.6厘米，宽19.5厘米，每半页8行6字，双行2至25字不等。该书于20世纪80年代从广西崇左市龙州县金龙镇搜集，今藏广西壮族自治区少数民族古籍保护研究中心。

秦始皇统一六国以后，在岭南地区设置了桂林郡、象郡、南海郡三郡，广西境主要属桂林郡，广西各民族开始逐步融入了中华民族大家庭。三国两晋南北朝时期，由于中原地区战乱，大量移民南迁，他们不断给广西各民族聚居区带来先进的生产工具和生产技术，如铁器、牛耕技术、水利设施修建等，大大促进了广西地区生产力水平的提高和生产关系的改进。特别到了唐代以后，随着科举选士制度的推行，广西不少州县开始兴办各类学校，一些学子通过科举考试脱颖而出。唐贞观七年（633），藤县李尧臣高中进士，成为广西历史上第一位进士。这给广西各民族子弟树立了良好榜样，学习汉文和汉文化成为渴望通过知识改变命运的年轻学子的新目标。为更好地学习汉文，实现汉文和民族文字的转换，有识之士开始自编工具书，字书即其中一类。

该书无书题。《三千书》为编者所拟，因书中收入约3000个汉字并进行逐个解释，故称。这是一本汉字与古壮字对照的工具书，就好比民族文字版的《新华字典》，可以帮助识读常见汉字，进而学习汉文经典著作。

该书体例是以古壮字注汉字，汉字在上，大字体，注文在下，双行小字体。每个汉字的古壮字注文包括两部分，一是汉字对应的古壮字写法，二是用古壮字解释汉字的含义。如汉字"天"，对应的古壮字为"歪"（音近艮），含义是"畲厭"（音近布法），即老天爷；汉字"男"，对应古壮字为"耱"（音近来），含义是"布才"，即男人、男子。

字书在广西民族文字典籍中很少见，迄今仅在地处边境地区的龙州县有5个版本，体例基本一致，只是收录的汉字有差异。由于方言的差异，以及边境地区多民族杂居，有的民族文字艰涩难懂，目前对字书的翻译整理尚存很大难度。

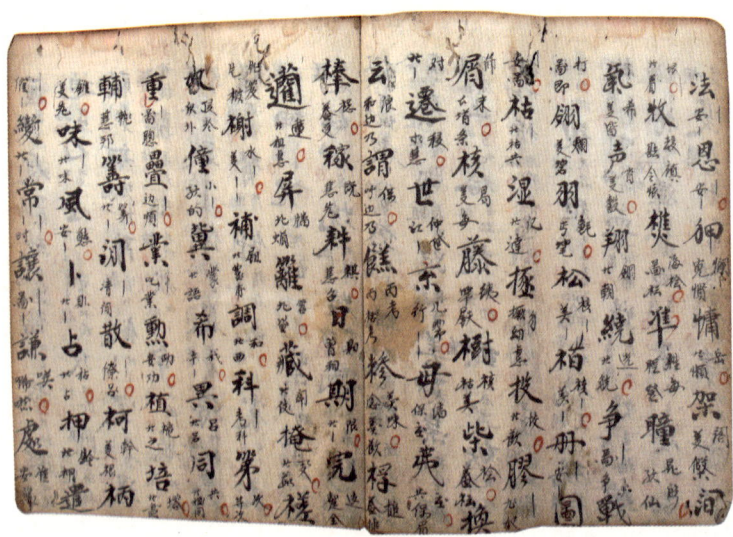

《三千书》书影

壮族医书《祖传秘方》

不分卷，1册，40页。佚名撰，清抄本。纱纸，毛装，古壮字汉字合璧，墨书。页高20.5厘米，宽15.5厘米，每半页8至9行，每行3至26字不等。该书于2016年从广西百色市那坡县搜集，今藏广西壮族自治区少数民族古籍保护研究中心。

2016年9月，广西壮族自治区少数民族古籍保护研究中心工作人员到百色市那坡县开展少数民族古籍普查，普查员那坡县退休老师岑美无意间提起一件事，说他祖上曾担任过土司（相当于地方土官）的军医，家传传统民间医术，他自己虽未学习，但从小耳濡目染也懂一些医药知识。工作人员谈起壮族医药古籍抢救搜集工作的状况，遗憾壮医都是口传药方治方，至今还没有发现一本古壮字写的医药古籍，学科理论研究缺乏基础文献。岑老师从挎包取出了一本小开本的书。此书加了硬纸的书皮，封面写有"祖传秘方"4个字；内文不厚，其中手画的人体图占了很多页。该书首页注地名"大清国广西西师道分府下甲垌陇村"，可印证该书应为清抄本。为了让古籍得到更好的保护，工作人员说服了岑老师捐献古籍，两个月后，首部古壮字医书入藏广西壮族自治区少数民族古籍保护研究中心，保存在古籍库房里。

"祖传秘方"4字为汉文，意为该书所记录的药方医方是家族世代传承。古代壮族能识字读书和掌握知识技能的人极少，有部分人以写字、传艺等为谋生的手段，掌握的知识和技能都希望是自己独有的，故壮族民间的文本很多注明"祖传秘方""留存子孙""莫

传外人"等字样。这是书籍持有人对传承的一种态度,而非书名。但该书本无书名,因此沿用封面的"祖传秘方"作为书名。

该书是一部壮族医书。不同于其他医药类书,它的特色在于:首先,文字使用了古壮字和汉文抄写。其次,记载的药方和治疗方法符合壮医常见的特点,比如:重视外治,偏重祛邪;治法分内外治。内治法以辨病为主,多用专方,对因治疗,兼顾主证。外治法在内容上包括外病外治和内病外治,在操作上分药物外治和非药物外治。外治法用针法、灸法、药物熏蒸疗法、药物熏洗疗法、敷贴疗法等,具备了现在壮医的雏形。该书记录了常见病如伤寒、呕吐、腹痛、中风、毒疮、小儿惊风等的治疗方法以及数百条药方,反映了壮族民间医药的发展演变过程,对研究壮族医药史有参考价值。

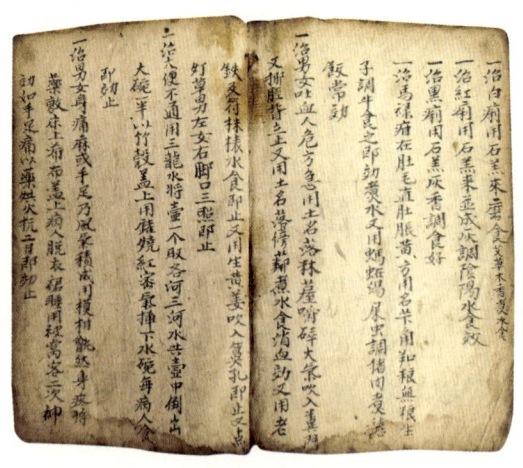

●《祖传秘方》书影

古壮字版《西游记》

不分卷，1册，40页。佚名撰，光绪十五年（1889）抄本。纱纸，毛装，古壮字誊录，墨书。页高20.5厘米，宽15.5厘米，每半页16行，每行14至16字不等。该书于1987年从广西来宾市兴宾区搜集，今藏广西壮族自治区少数民族古籍保护研究中心。

古壮字版《西游记》，也有称为《唐僧取经》《唐王书》等，是壮族师公在举行民间仪式时唱诵的经书。壮族师公仪式，程序比较繁杂，根据不同内容规模大小不一，规模小的仪式时长半天，规模大的仪式时长达3天3夜甚至更长。为了吸引观众，也为了消除长时间工作的身体疲劳，师公常采取举行仪式和娱乐交叉的方式活跃气氛。娱乐形式通常是唱山歌、说笑话、讲故事等，这类娱乐内容包含了创世神话、英雄人物事迹、孝悌贤德和爱情故事等，在轻松的气氛中宣扬祖师圣行，叙述神话传说、民族历史、生产知识、伦理道德，达到了传承文明和人神共娱的目的。

古壮字版《西游记》与汉文版《西游记》有较大差异。一是内容的完整性上，前者是因特定场合需要，只选取了部分情节，到唐僧收猪八戒为徒即完结，比后者少了很多内容和情节，表明唱述的时间不长。二是人物描写与情节刻画有差异。前者的句式采用了七言韵文，用韵讲究，朗朗上口，符合壮族人的表达习惯，亦更易于背诵咏唱。但因囿于七言韵文，全文不分章节，对人物描写和情节刻画相比后者简略很多，仅点到为止。三是前者融入了壮族地区的生产生活场景和风土人情，表明前者对后者进行了

改造和发展。比如，书中描述唐僧因不明取经的办法向各达官显贵求教时"以槟榔为礼"。此礼乃明清至民国时期南方地区特有的风俗，流传于广西、广东、海南、台湾、福建等地，在东南亚地区也风行。"以槟榔为礼"源于口嚼槟榔习俗，是壮侗先民越人之古俗，见载于汉代史籍，传之久远。因槟榔具有消积、杀虫、下气、行水等功效，被认为是一种高贵、稀有、实用的物品，因此人们赋予槟榔重要象征意义，将它广泛地运用于交际待客、婚姻缔结、祭祀神灵等各种场合，形成南方特有的"以槟榔为礼"的风俗习尚。

总之，古壮字版《西游记》源自中国古典名著《西游记》，但它不是照搬直译，而是进行了较多的再加工和再创作，"壮味"浓郁，是壮汉文化交流交融的重要成果之一。

● 古壮字版《西游记》书影

京族喃字典籍

京族叙事长诗《宋珍歌》

不分卷，1册，53页。佚名撰，阮其福重抄本。纱纸，毛装，喃字抄录，墨书。页高21.5厘米，宽17.5厘米，每半页16行，行14字。该抄本于2009年从东兴市江平镇㵋尾村搜集，今藏广西壮族自治区少数民族古籍保护研究中心。

《宋珍歌》原为防城港市公安局退休干部苏维芳所藏，其退休后一直住在东兴市江平镇㵋尾村。据苏维芳先生介绍，他的外公阮其福是当地京族有名的道公，小时候外公常给他讲《宋珍歌》的故事，他常听得入迷。外公见他喜欢，有意加以引导，用了3个月的时间，将《宋珍歌》抄录成册送给外孙，并教其识读书中的喃字。1965年苏维芳应召入伍当兵，临行前将该书借给江平镇山心岛范仲芳。后范仲芳去世，该书相继辗转黄北文、阮继初等人之手。2001年，苏维芳退休回到㵋尾村老家，才从阮继初处拿回此书。2009年，苏维芳将此书捐献给广西壮族自治区少数民族古籍保护研究中心永久收藏。

《宋珍歌》被称为"京族长恨歌"，是一部爱情故事长诗。全诗采用京族歌谣特有的"六八体"格式，即上句六言、下句八言。每年逢京族传统节日哈节时于哈亭演唱。长诗叙唱五代十国时期宋珍与菊花的爱情故事。宋珍出身于贫寒家庭，3岁父病殁，与母亲靠乞讨为生。某日宋珍偶遇富家女菊花，菊花为宋珍悲切身

世所感动,舍与米钱,并与宋珍私定终身。后宋珍进京赶考,高中状元,皇帝羡慕其才学,欲把公主许配宋珍,宋珍不从。皇帝大怒,罚其出使北国10年。菊花不离不弃,独自承担侍奉家婆的责任,苦等10年,其孝心和忠贞震撼朝野,皇帝终准许宋珍与菊花破镜重圆。

京族从明代始迁居东兴市山心、巫头、潕尾三岛,海洋气候极不利于纸质书籍的保存。《宋珍歌》虽是重抄本,年代也较晚,但它是京族地区保存下来为数不多的喃字抄本,弥足珍贵,对研究京族社会、文学、伦理、哲学及地方史等有参考价值。

●《宋珍歌》抄本书影

彝族彝文典籍

彝族毕摩经《六祖史诗》

不分卷，1册，18页。佚名撰，清抄本。纱纸，毛装，彝文抄录，墨书。页高17厘米，宽12.5厘米，每半页7行，行15字。该抄本于20世纪80年代从百色市隆林各族自治县搜集，今藏隆林各族自治县博物馆。

彝族是古代氐羌人的后裔。彝族民间传说，有一年洪水泛滥，彝族始祖笃慕骑着马，赶着羊群，为避洪水到了高高的乐宜山（传说在云南省境内）。他娶了三位仙女，生下慕雅枯、慕雅切、慕雅热、慕雅卧、慕克克、慕齐齐六子，史称六祖，后他们繁衍成为武、乍、糯、恒、布、默六个部落。武部落长慕雅枯、乍部落长慕雅切率两支人沿普渡河流域向南边发展，直达现在的云南南部及西部一带。糯部落长慕雅热、恒部落长慕雅卧率两支人，沿金沙江流域逐渐进入现在的四川凉山、川南及云南昭通乌蒙山区。布部落长慕克克、默部落长慕齐齐率两支人向中部发展，逐渐发展到现在的云南曲靖、宣威和贵州的兴义、普安、安顺、威宁、毕节水西一带，其中少部分人南下进入现在的广西，主要聚居在隆林、那坡、西林、田林等地，多与壮、汉族杂居。后世把彝族先民的这次迁徙称为"六祖分支"。

该书原无书名，《六祖史诗》是编者根据主体内容所拟。学术界认为，广西彝族自三国蜀汉时期起，陆续自云南楚雄、大理和贵州兴义、盘县等地迁入，与上述民间传说基本一致。该书保留了"六祖分支"传说的一些情节内容。如书中记载祭祀先祖，延伸到向六祖的三位母亲献祭，即向沽色尼之女、能色能之女、布色那之女献祭，六祖的三位母亲是在洪水泛滥、人烟尽失后奉天命在碧谷肯嘎对歌后嫁给先祖笃慕的。这可以说是迁徙后对早期先祖的历史记忆。

该书还记载了祭祀年神月神的过程，反映了彝族先民在天文历法上的认识。书中说："古时没有时间的秩序，策更兹（神名）和恒度府（神名）说这样不好，要给时间定秩序，更兹管年，把一年定为十二月，度府管月，把一个月定做三十天，由尼能家来管日，把一日定为十二时，天工匠够阿娄，修正太阳的轨道，地工匠葛阿德，修正月亮的轨道。""春季三个月，由大神吐姆沓掌

●《六祖史诗》抄本书影

管,夏季三个月,由次神那慕勾掌管,冬季三个月,由赤神诺色能靡府掌管,四个季节,由四贤神掌管,向这四位智慧献祭,向年神月神献祭"。

广西彝文典籍传世极为稀少,目前仅见隆林各族自治县博物馆藏的《六祖史诗》1部和广西民族博物馆藏的4部文献。这5部典籍的突出特征是文字保留了早期老彝文的形态,与云南、四川、贵州经过历次改革规范后的彝文相比,有较大差异,其文献价值和学术价值不言而喻。

毛南族土俗字典籍

毛南族"肥套"经书《土话全集壹卷》

不分卷,1册,61页。佚名撰,光绪三十年(1904)抄本。纱纸,毛装,用毛南族土俗字抄录,墨书。页高21.5厘米,宽17.5厘米,每半页7行,行14字。入选第二批《国家珍贵古籍名录》,编号06857。该抄本于2008年从河池市环江毛南族自治县下南乡下南村下朴屯搜集,今藏广西壮族自治区少数民族古籍保护研究中心。

该书属毛南族"肥套"经书。"肥套"为毛南族语言,意为还愿,是毛南族民间祭祀仪式。根据不同还愿目的,"肥套"仪式分红筳和黄筳两种。红筳是人们向圣母娘娘求子许愿后所进行的还愿谢恩。黄筳是因为家中人畜不安许愿后所举行的还愿谢恩。

还愿仪式要请师公主持,单家独户设坛举行。20世纪50年代以前黄筵和红筵都是单独举办,今两种仪式合并进行。活动一般是一代人举行一次,也有两代、三代举行一次的,时间越长,规模就越大,费用也就越多。举行活动时间为三天三夜,也有长达七天六夜的。毛南族"肥套"融合了毛南族口头文学、戏剧、舞蹈、音乐等艺术元素,成为内容丰富的民俗活动,承载着毛南人祈求民族生生不息、繁荣发展的美好愿望。2006年5月20日,毛南族"肥套"经国务院批准列入了第一批国家级非物质文化遗产代表性项目名录。

该书属于"肥套"中的红筵,在毛南族民间举行接家先送福、接妻新婚等还愿仪式时念诵。

《土话全集壹卷》的"土话"指毛南族语言。因毛南族主要聚居于环江毛南族自治县的上南、中南、下南山区,使用毛南族

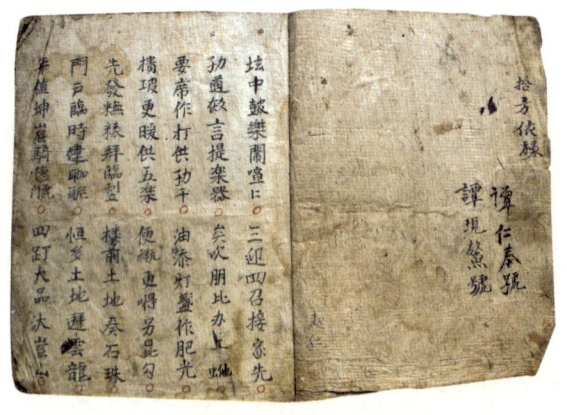

《土话全集壹卷》书影

语言的人口不多，限于本地本民族，故称"土话"。"土话全集壹卷"意为用毛南族语言记录的还愿仪式全集一卷。

全书包括接家先众神、占接妻新婚、占接家先送福、占献酒六官、占三祖返驾谢婆王、占开神像等十多个章节。记录举办红筳还愿仪式的程序、步骤、准备的牲品及唱词等。通过举办仪式，保佑主家早生贵子、六畜兴旺、福禄盈门。

过去学术界认为，毛南族只有自己的语言没有自己的文字。《土话全集壹卷》经文全部为毛南族土俗字抄写，且文字造字方式多样，记录音、义相对准确，自成体系，是毛南族人民的重要文化创造。该书对研究毛南族历史、文化、信仰、习俗、语言、文字等均有重要参考价值。

毛南族"肥套"经书《红筳满供之本》

不分卷，1册，36页。佚名撰，光绪二十八年（1902）抄本。纱纸，毛装，抄本前部分为汉文抄录，杂有壮族古壮字和毛南族土俗字，后部分以毛南族土俗字誊录，墨书。页高21厘米，宽14.5厘米，每半页7行，行14至16字。入选第二批《国家珍贵古籍名录》，编号06856。该抄本于2008年从河池市环江毛南族自治县下南乡下南村下朴屯搜集，今藏广西壮族自治区少数民族古籍保护研究中心。

该书属毛南族"肥套"经书，在毛南族民间举行的还愿仪式中使用。在毛南族民间，祈神愿望实现后要举行还愿仪式，请诸

神降福护佑平安。

经书书名"红筵满供之本"为汉文，意为用于举办红筵还愿进供仪式的经书。全书内容分为三篇，前两篇主要以汉文抄写，夹有少量毛南族土俗字，唱述请圣母、仙婆等诸神降福护佑主家的经过。后半部分用毛南族土俗字和古壮字抄写，内容大意为盘古、三皇五帝诸神保佑平安，主家举办还愿仪式酬谢等。文中注有"先读前篇后接后二篇"，并写有"谭仁明新造改良"字样。

该书为汉文、壮族古壮字、毛南族土俗字合璧。一部书用三种文字，这在中国古籍中也不多见。由于毛南族长期以来和壮族、汉族杂居，多数人能讲壮语和汉语，通用汉文。用其他民族文字记录自己的典籍，这是对民族文化的深度认同与融合，也是民族关系融洽的一个缩影。

●《红筵满供之本》书影

后 记

◆

"文化广西"丛书是广西庆祝中国共产党成立100周年的重点文化建设项目,其意义是不言而喻的。丛书的内容涵盖了文学、艺术、风物、遗存、史传5个系列31种图书和1部概要性的专著,负责编辑出版具体工作的单位囊括了广西壮族自治区主要的图书出版社,而各分册图书的负责人和执笔者更是各相关领域的大家名宿。受出版社邀约编著《广西典籍》分册时,笔者一则以喜一则以忧。喜的是能有机会参与到百年大庆这样的文化工程项目中来——这对笔者而言是非常光荣和幸运的;忧的是笔者能力和精力都有限,未必能当此大任,因此心中不免惴惴。在广西壮族自治区党委宣传部、出版社同志们的鼓励、信任和支持下,笔者最终接下了《广西典籍》一书的编著任务,并在心里立下军令状——一定竭尽全力排除一切困扰,确保按时完成任务。

本书主要由两部分构成,即广西汉文典籍和广西少数民族文字典籍。此前,前辈学者在这两方面都分别有不同程度的研究和发掘,取得了一系列丰硕的研究成果,既有以目录、图录等形式揭示和介绍的专著,也有以点校、注释等形式整理和研究的论著,

如《广西文献名录》《壮族麽经布洛陀影印译注》,等等。也正是站在巨人的肩膀上,笔者对《广西典籍》一书的编著才得以顺利进行。广西典籍数量、种类繁多,如何把握收录的原则是编著本书需要重点考虑和斟酌的问题。笔者主要从古籍的代表性和经典性的角度思考收录的重点。本书介绍的一部分古籍已入选了《国家珍贵古籍名录》和《广西壮族自治区珍贵古籍名录》。本书首次以单种著述的形式将汉文典籍和少数民族文字典籍结合起来介绍广西的典籍和文化,这也算是笔者这次工作的一次有益的尝试或者说是创新和亮点。不过,囿于笔者的见识,在有限的时间内和有限的篇幅里,本书所陈述的广西典籍的概况可能会有疏漏,所列举介绍的具体典籍也未必能够代表全部,沧海遗珠之憾、粗疏舛误之处也在所难免。深望广大读者朋友在阅读本书时,对其中的问题进行批评指正,促进笔者知识和学问的进步。

本书得以顺利出版,十分感谢广西壮族自治区党委宣传部和广西师范大学出版社的信任和支持,也要真心地感谢广西文化界、古籍保护界同仁的大力支持,这些都是笔者按时顺利完成任务的重要因素。

彭子龙　韦如柱
2021年6月